LES CITOYENS AU CŒUR DE LA DÉCENTRALISATION

D1730791

La collection *Monde en cours*
est dirigée par Jean Viard
assisté de Hugues Nancy

Série *Intervention*

Couverture : atelier graphique des éditions de l'Aube

Illustration : *Marianne* © Dexia – photographe Laurent Fau, et
French soccer fans crowd the Champs-Elysees © Owen Franken/CORBIS

www.aube.lu

ISBN : 2-87678-844-6

Pierre Richard

Les citoyens au cœur de la décentralisation

éditions de l'aube

Du même auteur:

Les Communes françaises d'aujourd'hui, PUF,
    collection « Que sais-je », 1983 (avec Michel Gotten)
Le Temps des citoyens, PUF,
    collection « Politique d'aujourd'hui », 1995

Je souhaite, à l'occasion de la publication de cet ouvrage, remercier tout particulièrement ceux qui, partageant ma passion de la décentralisation, y ont collaboré, Mireille Eastwood, Dominique Hoorens et Philippe Valletoux, avec une mention spéciale pour Claire Larsonneur pour toute l'aide qu'elle m'a apportée.

P. R.

*Aux citoyens soucieux de prendre des responsabilités
pour infléchir le cours du monde
vers plus de solidarité et de générosité.*

*Aux élus locaux qui construisent la France
avec un inlassable dévouement.*

Avant-propos

Nous n'avons pas fini de prendre la mesure de la crise politique révélée le 21 avril 2002 au soir du premier tour de l'élection présidentielle. Elle a éclaté dans un contexte plus large d'érosion générale de nos repères traditionnels : la souveraineté de l'État-nation, l'économie planifiée et l'État providence. Mais à ce mouvement qui touche également nos partenaires européens, s'ajoute en France la perte de confiance des citoyens dans leurs institutions et leurs représentants politiques. Cette véritable « fracture politique » profonde prendra certainement des mois, sans doute des années à se résoudre.

Car cette crise est tout sauf conjoncturelle. Elle est bien sûr liée à la mondialisation, qui introduit une rupture dans les modes de production et d'échange et qui appelle une réponse nouvelle des politiques ; elle correspond aussi à un moment de transition des institutions où l'Europe s'attelle à l'invention d'une souveraineté partagée. Mais le malaise français a des racines plus profondes. Cette crise est structurelle car elle tient à la relation particulière qui s'est nouée en France entre le citoyen et l'État. La Révolution, en renversant le roi, a aboli le sujet mais le citoyen est resté mineur, tout comme les collectivités locales et la société civile, sous le contrôle d'un État protecteur, paternaliste et souvent patriarcal.

Tocqueville, véritable visionnaire, avait décrit en des termes saisissants les dérives de la démocratie moderne, toujours plus prospère, toujours plus égalitaire, où « s'élève au-dessus des citoyens un pouvoir immense et tutélaire, qui se charge seul d'assurer leur jouissance et de veiller sur leur sort », aboutissant à une forme de « despotisme administratif ». Il « pourvoit à leur sécurité, prévoit et assure leurs besoins, facilite leurs plaisirs, conduit leurs principales affaires, dirige leur industrie, règle leurs successions, divise leurs héritages [1]... » Ce portrait, qui reste étonnamment moderne, offre une description étonnante de l'État français actuel. Tocqueville rappelle que la passion de l'égalité conduit ainsi les hommes à se dessaisir de leur libre arbitre et qu'elle aboutit à une société exsangue, éteinte, incapable d'une action énergique, impuissante à s'adapter à des changements brutaux.

Là encore, le diagnostic est juste : la France apparaît bien à nombre de ses observateurs, ici ou à l'étranger, comme une « société bloquée ». Les signes de ce blocage sont divers et touchent à de nombreux aspects de la société française : il y a les tensions à propos de l'immigration bien sûr, mais aussi l'endogamie de la classe politique, l'arrêt de l'ascenseur social, l'inflation des « affaires », à quoi s'ajoutent les relents de la collaboration et de la guerre d'Algérie, le surplace de la parité et la frilosité européenne... Et pourtant la France a d'indéniables atouts : située au carrefour de l'Europe, elle reste l'une des principales puissances économiques et militaires, héritière d'un patrimoine exceptionnel, à la pointe de la technologie dans de nombreux domaines, et elle sait faire entendre sa voix quand il le faut sur la scène internationale.

Mais surtout elle a ses citoyens. Ce que Tocqueville n'avait pas prévu est l'élévation générale du niveau d'instruction de la population, l'essor des médias audiovisuels, la naissance d'un nouveau rapport à l'autorité qui valorise plus l'action accomplie que la position sociale. Tout cela a profondément modifié les compétences et les attentes des citoyens. D'une certaine manière, l'apparition, aux côtés des vecteurs traditionnels de l'engagement politique que sont les partis et syndicats, de nouveaux vecteurs politiques (ONG, coordinations citoyennes non partisanes, prises de position publiques de la société civile) signale un processus de maturation politique général de la société française. Au soir du premier tour de l'élection présidentielle de 2002, ce n'est donc pas un « coup de folie » des électeurs qu'on a constaté, mais un divorce croissant entre la population et un système politique enkysté dans des représentations et des comportements souvent obsolètes.

Alors, comment sortir de la crise ? Par la séparation des pouvoirs, c'est-à-dire la distinction de l'exécutif et du législatif bien sûr, mais aussi par un rééquilibrage des pouvoirs centraux et des pouvoirs locaux. Voilà le véritable sens de la décentralisation, qui va bien plus loin qu'une simple optimisation du fonctionnement administratif.

Or, la réforme de l'État, parce qu'elle était conçue en interne, de l'État vers l'État, a jusqu'ici échoué.

Procédons en externe alors, c'est-à-dire en partant des citoyens. Je me réjouis donc profondément de voir que le gouvernement a placé la décentralisation parmi ses priorités et qu'il s'est donné les moyens de la préparer, avec une révision de la Constitution, l'organisation d'assises des libertés locales dans les régions et un projet de loi organique. Attention toutefois à ne pas perdre de vue l'objectif final de la réforme : c'est en plaçant le citoyen au cœur de l'action publique, pas seulement pour la valider à intervalles réguliers mais pour y participer et s'y engager, que la « fracture politique » pourra se réduire. Cette conviction, qui est la mienne depuis toujours, sort renforcée de la crise du printemps 2002.

Depuis près de trente ans, je plaide la cause d'un rééquilibrage du rôle de l'État par une meilleure répartition des missions publiques entre les collectivités locales et les administrations centrales. Cette histoire a vraiment commencé en 1978 lorsque je participai à l'élaboration des lois de décentralisation, en qualité de directeur général des collectivités locales au sein du ministère de l'Intérieur.

À partir de 1983 comme directeur général adjoint de la Caisse des dépôts et consinations, puis à la tête du Crédit local de France et enfin de Dexia, groupe bancaire franco-belge, j'ai voué ma carrière au financement du développement local. Ces différentes expériences, dans la fonction publique et l'entreprise privée, en France et au niveau européen, n'ont cessé de nourrir mon intuition première.

Le point de vue que je livre dans cet ouvrage est personnel et se veut une simple contribution au débat. Mais il s'inscrit dans une histoire. Persuadé en effet que l'action doit se nourrir par la réflexion et par l'échange, depuis dix ans, j'ai plaisir à retrouver chaque été à Avignon un ensemble de personnalités passionnées par le monde local. Dans la foulée des municipales de 2001, nous avions entamé une réflexion commune sur les enjeux de la décentralisation et, plus important encore, sur la méthode la plus à même d'en favoriser le succès. Après avoir consulté élus, fonctionnaires, universitaires, chefs d'entreprise, nous en avions tiré la matière d'une « Adresse au futur président de la République » qui fut envoyée à tous les candidats et publiée dans la presse. La liste de ses signataires, de droite comme de gauche, élus et entrepreneurs, reflète le consensus général sur l'opportunité de déclencher la réforme de l'État par la décentralisation, consensus présent au sein de la classe politique mais aussi de la société civile[2].

Adoptant tour à tour le point de vue d'un chef d'entreprise, d'un citoyen et d'un contribuable, nous nous étions interrogés : qu'attendons-nous aujourd'hui des pouvoirs publics ? Plus d'efficacité et plus de démocratie !

Plus d'efficacité

Dans une Europe plus intégrée et plus compétitive, il apparaît crucial aujourd'hui de renforcer l'attractivité du site « France ». La chute de la France dans le palmarès international des pays les plus attractifs pour les investissements est un signal préoccupant d'une possible perte de vitesse. Cela implique de réfléchir à l'organisation de l'action publique, qui doit se montrer plus efficace, plus pertinente et moins coûteuse. En d'autres termes, il s'agit d'optimiser les « frais généraux » actuels de l'entreprise « France » afin de réduire les prélèvements, bien plus importants aujourd'hui en France que chez nos voisins européens. Il s'agit aussi de libérer l'initiative locale, tant dans le privé que dans le public, afin d'accroître le dynamisme de nos territoires, soumis à une véritable compétition de la part des autres régions d'Europe pour attirer les entreprises, les investissements et les emplois.

Cela requiert également une véritable transparence des actions publiques dans leur élaboration, dans leur réalisation comme dans leur financement. Qui peut se satisfaire des classements internationaux où la France est dans le peloton de queue des pays développés en matière de lutte contre la corruption ? Les contribuables français ont à juste titre le sentiment que le maquis des niveaux administratifs, l'éclatement du suivi des dossiers, l'opacité des décisions favorisent les intérêts particuliers, parfois au détriment de l'intérêt général, et sont source de dépenses inutiles. Voilà qui revient, là encore, à prôner une véritable révolution des mœurs politiques de notre pays. Elle est toutefois urgente et fondamentale.

Plus de démocratie

Il convient en priorité de revitaliser notre démocratie. Les Français ont eu un sursaut « citoyen » le 5 mai 2002, mais le mal n'est pas pour autant vaincu. Combattre la désaffection actuelle pour le débat public est une nécessité devant les menaces qui pèsent sur la démocratie et qui dépassent même l'abstention ou les votes extrémistes. Je pense notamment à la tentation individualiste que dénonçait déjà Tocqueville : « L'individualisme est un sentiment réfléchi et paisible qui dispose chaque citoyen à s'isoler de la masse de ses semblables et à se retirer à l'écart avec sa famille et ses amis ; de telle sorte que, après s'être créé une petite société à son usage, il abandonne volontiers la grande société à elle-même [3]. » Poussé à l'extrême, ce processus est une menace pour la démocratie. La réponse de Tocqueville pour lutter contre le désintérêt politique était déjà la décentralisation qui facilite la participation des citoyens aux affaires publiques. C'est largement à partir du niveau local que la démocratie pourra se revivifier et se rénover en France.

Allons plus loin. Demandons au citoyen un véritable effort pour qu'il cesse de se replier dans sa sphère privée et se réapproprie la « chose publique ». Pour ce faire, utilisons pleinement le principe fondateur d'une vraie décentralisation qui porte sur un rééquilibrage des pouvoirs publics, via le transfert de compétences actuellement exercées par l'État vers les acteurs locaux. Proposons une évolution radicale : tout ce qui relève de la gestion du quotidien incomberait aux collectivités locales, en association avec les représentants de la société civile et sous le contrôle des citoyens. Cela concerne l'éducation, la santé, les transports, la culture, l'aide sociale… L'État pour sa part se consacrerait alors exclusivement à ses fonctions « régaliennes » (sécurité, défense, justice, affaires étrangères…) et à ses missions d'orientation, de contrôle et

13

d'évaluation des politiques publiques. En un mot, que l'État s'attache à gouverner et non à gérer.

Ainsi serait définitivement coupé le cordon ombilical qui relie étroitement le citoyen à l'État central et qui empêche toute évolution. Le citoyen, dans la mesure où il aura la possibilité de faire entendre sa voix localement auprès de responsables bien identifiés, sera ainsi fortement incité à s'intéresser aux affaires publiques locales, d'autant plus que l'État s'en sera dessaisi. Et quand la plupart des problèmes quotidiens sont réglés localement, le citoyen peut intervenir efficacement, car il y est motivé.

Pour assurer le succès de la réforme, la méthode reste à mes yeux un point essentiel. La décentralisation, qui va remettre en cause beaucoup de situations acquises, ne pourra être réussie si elle n'est pas portée par les Français eux-mêmes. C'est pourquoi je pense, tout comme nombre des signataires de l'« Adresse au futur président de la République », que l'ère des discussions techniques et des avis d'experts doit être dépassée. Le débat technique est arrivé à maturité, la question est désormais portée sur le plan politique par un projet gouvernemental, et les passions s'attisent. Mais le citoyen reste extérieur à la présentation actuelle de cette réforme, trop abstraite, trop institutionnelle, qui risque de lui apparaître comme un enjeu interne aux affrontements politiques. Il est donc crucial de porter le débat devant l'opinion publique, par tous les moyens médiatiques possibles, la presse, l'audiovisuel, l'internet.

Le dépôt, au premier trimestre 2003, du projet de loi organique qui traite des transferts de compétences, plus concret que le projet de loi constitutionnelle, est l'occasion de lancer ce débat public. Il viendrait en prolongement des assises des libertés locales qui concernent surtout les collectivités locales. Ainsi, des émissions consacrées aux enjeux concrets de la réforme pourraient utilement être programmées sur les chaînes publiques de télévision et les antennes de radio.

L'« Adresse » était une initiative collective qui visait à faire réagir les politiques; cet ouvrage se veut une contribution personnelle à ce débat, plus spécifiquement adressée aux citoyens. Il n'a pas pour propos d'entrer dans des détails techniques, mais de tracer les grandes lignes d'un projet de société cohérent, fondé sur des principes directeurs clairs: la responsabilité et la différenciation.

Sans prétendre à l'exhaustivité, je souhaite montrer que la décentralisation pouvait apporter des réponses concrètes et positives aux citoyens dans des domaines comme l'éducation, la santé, la sécurité, le cadre de vie ou l'emploi. Je m'appuie donc sur un grand nombre d'initiatives déjà en place, en France ou à l'étranger, susceptibles de nourrir une vision à long terme du fonctionnement de notre pays.

La décentralisation, j'en suis convaincu, permettra de mieux rassembler et fédérer les Français dans un projet commun et une dynamique nouvelle, si elle est conçue comme une révolution démocratique autant qu'administrative. Elle n'est pas ce retour en arrière vers un régime féodal et inégalitaire que certains dénoncent, mais un projet moderne, exaltant et riche de perspectives, auquel nous pouvons tous prendre part. Il s'agit en clair d'inventer un nouveau modèle d'action politique. Quel plus beau projet à proposer aux jeunes générations soucieuses de prendre des responsabilités pour infléchir le cours des affaires du monde vers plus de solidarité, de dynamisme et de générosité ?

Pierre Richard
(décembre 2002)

I
Pourquoi une réforme d'ampleur du système institutionnel ?

Pourquoi maintenant ?

Des dysfonctionnements en profondeur

Chacun peut trouver matière à se plaindre de l'État : les citoyens qui aspirent à être reconnus comme des usagers des services publics et pas seulement des administrés, les entreprises pour qui les « tracasseries administratives » sont des obstacles à l'initiative. Les dysfonctionnements de l'administration centralisée française sont bien connus et dénoncés depuis longtemps. À la lourdeur des procédures s'ajoute l'opacité de la prise de décision, à la confusion générée par la multiplicité des instances et des règlements s'ajoute l'empilement des échelons administratifs, à l'archaïsme des découpages territoriaux s'ajoute le décalage avec les réalités du terrain. La lenteur et la complexité des procédures forment le premier point noir des administrations ; le second tient à l'abstraction des règles et des décisions, qui prennent rarement en compte des situations particulières parfois dramatiques. Une pression administrative excessive et la sclérose de certaines institutions publiques font ainsi partie des critères allégués par les experts de Davos pour justifier la perte inquiétante de compétitivité de la France en 2002 [4]. Ces dysfonctionnements ne sont pas nouveaux, leur existence est même logique dans un contexte d'inflation tous azimuts de la réglementation. Tocqueville ne s'y était pas trompé quand il décrivait l'extension du pouvoir du souverain (l'État démocratique) sur la société : « Il en couvre la surface d'un réseau de petites règles compliquées, minutieuses et uniformes, à travers lesquelles les esprits les plus originaux et les âmes les plus vigoureuses ne sauraient se faire jour pour dépasser la foule ; il force rarement d'agir, mais il s'oppose sans cesse à ce qu'on agisse [5]. » Mais ces dysfonctionnements sont de plus en plus handicapants pour la France dans le contexte actuel de transition radicale sur les plans politique, économique et social. Dans une période de transition entre des régimes économiques différents telle que nous la vivons actuellement, l'heure est aux initiatives innovantes et à une réactivité accrue de la part des individus et des entreprises bien sûr, mais aussi des pouvoirs publics. Remarquons notamment que le changement d'échelle des politiques économiques et sociales, certaines devenant plus globales, d'autres plus locales, appelle à une redéfinition des niveaux d'intervention publique.

Malheureusement la crise de l'intervention publique ne se limite pas aux seules administrations centrales. Il existe en effet une autre culture administrative, celle des collectivités locales consacrées dans leur rôle d'acteur public par les lois Defferre de

1982-1983. Elles ont su montrer au cours des vingt dernières années l'intérêt et la valeur de l'action publique locale. Il s'agit en outre du volet des pouvoirs publics qui s'est le plus adapté aux changements de la société, en prenant acte du changement de dimension de l'action publique au travers de l'intercommunalité. L'engouement pour cette formule de gestion partagée entre plusieurs communes montre bien en effet combien cette solution est riche de perspectives : 2 174 groupements à fiscalité propre ont été créés, rassemblant près de 27 000 communes et 45 millions d'habitants. Le succès de la formule est manifeste dans les grandes villes : de 50 en 2000, le nombre de communautés d'agglomération est passé à 120 en 2002.

Paradoxalement la maturité incontestable du système public local renforce le sentiment de crise : avec le développement de l'intercommunalité et l'apparition de nouvelles initiatives, les doublons, les chevauchements, les empilements se multiplient. En outre, le cumul des mandats brouille la donne locale et le défaut de représentativité politique dans les communautés de communes ou d'agglomération constitue une faille de la démocratie.

Un signal d'alerte : les élections de 2002

La montée depuis plusieurs années de l'abstention, qui a atteint 28 %, et l'essor des votes protestataires, émis par près de 40 % des votants au premier tour de l'élection présidentielle de 2002, sont les symptômes manifestes d'une crise politique majeure. Celle-ci ne concerne pas seulement le processus électoral ; elle exprime un sentiment de défiance généralisé envers les partis politiques et les administrations. Selon un sondage BVA réalisé les 18-19 octobre 2002, 66 % des sondés considèrent que la confiance des Français à l'égard des politiques ne s'est pas améliorée depuis le 21 avril, et 66 % que les institutions politiques ne fonctionnent pas mieux. La cohabitation à elle seule n'explique donc pas ce désamour des Français pour leurs institutions politiques : il a des racines bien plus profondes.

Les raisons d'une telle désaffection sont bien sûr nombreuses et variées, mais il est clair que deux d'entre elles jouent un rôle décisif : l'opacité qui entoure l'action publique, propice à tous les soupçons de manipulation ou de fraude d'une part, l'absence de représentativité de la classe politique d'autre part.

L'information du citoyen reste parcellaire et mal diffusée : combien peuvent dire comment est gérée l'eau dans ce pays par exemple ? Combien savent à quoi servent leurs impôts locaux ?

La complexité du système institutionnel rend difficile, voire quasiment impossible, d'identifier clairement qui prend les décisions qui affectent le quotidien des populations. Non seulement le manque de transparence éveille les soupçons mais il conforte également le sentiment d'impuissance des citoyens et les détourne de l'engagement dans la vie publique. Pourquoi s'engager d'ailleurs quand on sait qu'on ne pourra entrer au sérail ? Car le paysage politique français reste manifestement le domaine réservé de ceux qu'on appelait autrefois « les notables » : c'est un paysage masculin, âgé, aisé. L'absence de renouvellement de la classe politique est manifeste quand on sait que l'âge moyen du représentant syndical ou politique est actuellement de 59 ans, contre 45 ans en 1982. Les retraités et les fonctionnaires sont ainsi massivement surreprésentés dans les rangs des responsables politiques, et la France est l'un des pays d'Europe où il y a le moins de femmes, de personnes issues de l'immigration, de personnes issues des couches modestes ou populaires ou encore de moins de 45 ans parmi les élus! Cette situation est profondément préjudiciable non seulement à la démocratie, mais encore à la conduite de l'action collective. Le caractère endogame de la classe politique est en outre renforcé par l'uniformité de recrutement de la haute fonction publique, dont beaucoup sont sortis du vivier de l'Ena. Malheureusement, cet état de fait n'est propice ni à la concertation, ni à la remise en cause, ni à l'innovation[6].

Les élections locales occupent toutefois une place à part dans le paysage politique français: les municipales conservent un certain attrait auprès de la population. Les conseillers municipaux apparaissent comme plus représentatifs (par exemple, un tiers d'entre eux sont des femmes, 47 % dans les communes de plus de 3 500 habitants); ils sont également plus directement en contact avec la population. En revanche, les élections régionales ne suscitent qu'une faible mobilisation, qui illustre le peu de poids politique actuel des régions. Plus généralement, on peut dire que la vie politique locale souffre d'une absence d'identification claire non pas des acteurs mais des pouvoirs, tandis que le débat national apparaît capté par les affrontements entre partis.

La crise actuelle est aussi l'occasion de mesurer les aspirations des Français, qui ont fait entendre leur demande d'une politique différente, notamment de plus de participation et de plus de contre-pouvoirs. La politique semble perçue de plus en plus comme l'exercice d'un métier, duquel on attend des résultats et pour lequel il serait légitime d'être rémunéré et formé; mais elle n'est plus l'affaire exclusive des notables ou des spécialistes et doit s'ouvrir à l'ensemble de la population!

La réforme, maintenant

Un contexte politique animé

La conjonction d'un nouveau mandat présidentiel, d'un nouveau gouvernement et d'une nouvelle législature crée une situation spécialement favorable aux réformes d'ampleur. L'engagement personnel du Premier ministre en faveur de la décentralisation est un gage de progrès de la réforme.

Il existe, en outre, un large consensus sur la nécessité de cette réforme au sein de la classe politique française, même si les avis divergent sur les modalités concrètes de son application. Cette question devrait transcender les clivages partisans habituels: la décentralisation qui a été portée par la gauche avec les lois Defferre de 1982-1983, puis par les lois sur l'intercommunalité et le rapport de la commission Mauroy, est désormais reprise par la droite. Sur un certain nombre de points polémiques, comme le non-cumul des mandats ou le droit de vote des étrangers, on entend les élus prendre des positions qui ne recoupent pas le clivage droite/gauche. Il serait dommage, il serait même tragique que cette réforme échoue parce qu'elle aurait servi d'enjeu aux affrontements internes de la classe politique. Si on veut que la décentralisation soit le véritable projet de société dont la France a cruellement besoin, il faut que la réforme soit conduite d'une main ferme, avec une vision cohérente et de manière à éviter les passions partisanes : une solution consisterait à confier le pilotage de la réforme à une Agence de la décentralisation rassemblant des personnalités expérimentées et connues pour leur engagement au service de l'action publique, de différents bords politiques et de différents horizons professionnels.

Échouer encore une fois à réformer l'État, ici par le levier de la décentralisation, serait une catastrophe pour la République dont les administrations retomberaient dans leurs ornières coutumières et où le processus de délégitimation du politique aurait franchi un pas supplémentaire.

Une épée de Damoclès : l'avenir de la fonction publique

La décentralisation n'est pas seulement une réforme urgente parce que la France connaît un déficit démocratique ou parce qu'elle a besoin de renforcer l'efficacité de ses politiques publiques. Beaucoup plus concrètement, elle est rendue nécessaire par l'évolution prévisible de la fonction publique dans les dix à quinze prochaines années. La fonction publique sous ses trois aspects – centrale, territoriale et hospitalière – est en effet l'une des principales chevilles ouvrières du pays. Ses 4,5 millions de fonctionnaires représentent 20 % de l'emploi en France.

Or, en raison des évolutions démographiques, elle est confrontée à un défi majeur : 65 % des fonctionnaires et 90 % de l'encadrement de la fonction publique territoriale partiront à la retraite d'ici 2020. Ce phénomène inéluctable va profondément bouleverser la fonction publique : le nombre de fonctionnaires, la transmission des compétences, la hiérarchie en seront affectés. Ces départs massifs à la retraite vont également lourdement grever les budgets des administrations, aussi bien locales que centrales, car il faudra continuer à payer les retraites tout en embauchant des jeunes pour remplacer les postes. Cette redoutable échéance est toutefois l'occasion inédite de rénover la fonction publique, d'en améliorer l'efficacité et de développer une culture nouvelle de la prestation de service public aux citoyens. La rigidité actuelle des statuts des fonctionnaires est, à cet égard, un véritable défi. Cela suppose une réflexion de fond sur l'organisation et la répartition des tâches au sein de la fonction publique, entre les niveaux national et local, qui rejoint le débat sur la décentralisation.

L'élan européen

La réforme de l'État en France est une nécessité d'autant plus pressante que l'Europe elle-même évolue. Les négociations concernant l'élargissement de l'Union européenne touchent à leur terme, ouvrant la perspective d'une Europe à vingt-cinq en 2004 ; la Convention sur l'avenir de l'Europe rendra ses avis quant à la réforme des institutions européennes d'ici l'été 2003.

Si on prend un peu de recul, il apparaît que ce moment de refonte des institutions et des dynamiques européennes vient couronner une longue décennie de réformes internes aux pays membres : la Belgique a adopté une constitution fédérale en 1993, l'Italie a renforcé significativement le pouvoir des régions en 1998 et l'Espagne a accru le pouvoir des communautés autonomes en 1996, tandis que le Royaume-Uni a procédé à une « dévolution » révolutionnaire en créant des parlements régionaux en 1999. Toutes ces réformes sont allées dans le sens d'un rééquilibrage des pouvoirs en faveur du monde local, et notamment régional, ainsi que d'une réduction du nombre d'instances territoriales. Cette réduction a pu se faire de manière draconienne : depuis les années soixante-dix les 11 *Länder* qui composaient la RFA ont vu le nombre de leurs communes passer de 24 000 à 8 500. La Grèce a récemment suivi le même chemin.

Le monde local français fait exception dans ce panorama européen par le nombre de ses communes (plus de 36 000 !) et ses découpages qui remontent à la Révolution française, si ce n'est au Moyen-Âge. Il est en outre désavantagé par la relative faiblesse économique et politique des régions françaises comparées aux régions des autres pays membres. Hormis l'Île-de-France et Rhône-Alpes, quelle différence entre les régions françaises et leurs homologues !

En regard de ces véritables puissances régionales [7], l'Hexagone est marqué par la très forte disparité qui oppose l'Île-de-France (11,7 millions d'habitants, un PIB de 407 milliards d'euros en 2000) à toutes les autres régions. Le monde local français reste en outre

Dépenses totales/PIB

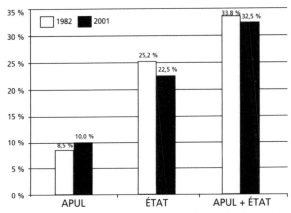

Le rapport au PIB des dépenses des administrations publiques a globalement diminué de -1,2 % entre 1982 et 2002. Ces dépenses sont logiquement réallouées entre les collectivités locales, qui exercent de nouvelles compétences, et l'État qui les a transférées.

Formation brute de capital fixe/PIB

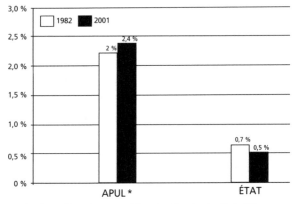

Le niveau d'investissement public, qui est l'un des plus élevés d'Europe, s'est lui maintenu sur la période.

* APUL : administrations publiques locales.

comparativement peu ouvert sur l'Europe, où il dispose de peu de leviers et de peu de visibilité.

L'effet d'entraînement de ces réformes majeures et la nécessité pour les régions françaises de renforcer leur place au sein de la nouvelle Union européenne sont autant de facteurs qui jouent en faveur d'une refonte des modes de décision et d'action publique en France.

La gravité de la crise politique, l'obsolescence du système administratif, le contexte propice sont autant de motifs qui justifient une réforme administrative et politique d'ampleur dans les meilleurs délais. Certes la France a engagé depuis vingt ans une série d'initiatives allant dans ce sens : les lois Defferre de 1982 ont été prolongées et complétées tout au long des années quatre-vingt-dix par les lois Voynet, Chevènement et Vaillant. Cette première phase de décentralisation a permis aux collectivités locales de faire la preuve de leurs compétences et de leur maîtrise de la gestion publique. Le bilan global de cette expérience est positif et il incite à aller plus loin, en conférant une vision d'ensemble et une dynamique forte à ce qui fut jusqu'ici une série d'initiatives distinctes.

Bilan de la décentralisation, 1982-2002

La décentralisation avait suscité à ses débuts de nombreuses craintes, et notamment celle d'un dérapage financier. L'examen de l'évolution des indicateurs macroéconomiques entre 1982 et 2002 montre pourtant sans conteste la maîtrise globale de la gestion publique par les collectivités locales. La période a

Région	Nombre d'habitants	PIB (milliards d'euros)
Catalogne	6 millions	99
Lombardie	9 millions	222
Düsseldorf	5,2 millions	136
Alsace	1,7 million	39
Auvergne	1,3 million	23
Nord-Pas-de-Calais	4 millions	70

Dette/PIB

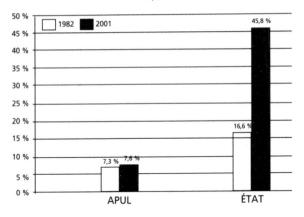

La dette des collectivités locales, en repli depuis 1995, a presque retrouvé son niveau de 1982 par rapport au PIB.
Il faut noter que cette dette correspond à un accroissement des « actifs » des collectivités locales, au travers notamment du patrimoine immobilier des lycées et des collèges.
La dette de l'État, qui tient pourtant à des besoins de fonctionnement, a pour sa part fortement augmenté sur la période.

* APUL : administrations publiques locales.

surtout été marquée par une réallocation des ressources et des dépenses entre l'État et les collectivités locales. Cette réallocation correspond à un jeu à somme nulle pour le contribuable puisque le montant total de l'impôt en pourcentage du PIB est resté stable et qu'il a même diminué sur les dernières années. En revanche la situation est très contrastée en ce qui concerne le montant des investissements et la dette. Les collectivités locales investissent beaucoup plus que l'État: l'investissement local représente en effet 70 % de l'investissement public total. Elles ont en outre prouvé qu'elles étaient de bonnes gestionnaires car leurs déficits n'ont pas dérapé. Ces dernières années, elles ont même dégagé des excédents!

Solde budgétaire/PIB

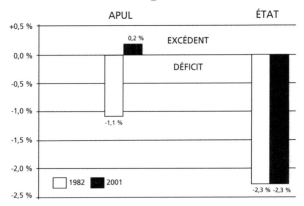

L'évolution du solde budgétaire montre l'efficacité de la gestion locale, qui dégage ces dernières années un « excédent » alors que l'État peine à contenir son déficit.

Prélèvements obligatoires/PIB

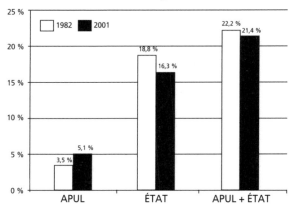

Le rapport au PIB des dépenses des prélèvements obligatoires a lui aussi diminué globalement de -0,9 %, ces prélèvements étant logiquement réalloués entre collectivités locales (+1,6 %) et l'État (-2,5 %).

* APUL : administrations publiques locales.

II
Pourquoi passer par la décentralisation ?

Il est certain que la réforme de l'État pourrait passer par plusieurs voies : une déconcentration accrue, une simple refonte des services centraux, une délégation à des autorités spécifiques nationales (eau, développement économique, éducation, etc.)... La décentralisation semble toutefois être la solution qui répond le mieux à la crise actuelle, parce qu'elle correspond à un changement de culture politique qui permettrait de restaurer la confiance perdue en impliquant plus directement le citoyen dans l'action publique. En outre, une organisation décentralisée serait mieux à même de résoudre les problèmes inédits auxquels notre société est désormais confrontée.

La culture politique actuelle est en porte-à-faux avec la société

Mutation de la société

Les sociétés occidentales connaissent actuellement un bouleversement majeur de leur organisation. Ce dernier est imputable en partie au développement massif et à l'accélération des échanges qui multiplient le nombre d'acteurs et de territoires concernés, en partie à l'évolution des technologies qui ouvrent de nouvelles possibilités d'action et produisent des effets parfois inédits.

Les conséquences de ces mutations économiques et technologiques pèsent sur la nature des politiques publiques (où le rôle du territoire devient crucial), sur la teneur des services publics (passer d'une logique de guichet à une logique d'accompagnement et de service), mais aussi sur le processus de décision. L'intégration toujours plus poussée des économies développées et l'importance des externalités engendrées par l'activité humaine, qu'elles soient négatives (pollution, délocalisations) ou positives (croissance), obligent en effet à revoir les processus de décision. Ils doivent devenir plus collectifs et concertés car il n'est plus légitime, ni même parfois possible, de définir et d'implémenter une planification rigide ou d'imposer autoritairement des politiques conçues au niveau central.

Cette mutation des conditions de production et d'échange opère dans un contexte de transformation des repères et des comportements des individus. Le rapport à l'autorité a changé depuis une trentaine d'années, celle-ci devant faire la preuve de sa légitimité; le niveau moyen d'instruction s'est fortement élevé, renforçant les attentes, les capacités d'analyse et le pouvoir critique des citoyens. Prenons l'exemple de l'internet. Il pousse plus avant encore le principe du juste-à-temps en resserrant les délais de production; en suscitant une croissance importante du télétravail, il a modifié la distinction entre temps de travail et temps privé; enfin, il est vecteur de mobilisation politique grâce aux e-mails ou aux sites, et d'expression politique via les forums et les « chats ».

Or, tout cela a une incidence sur les comportements individuels et collectifs, notamment politiques. La demande d'information est plus grande, la participation devient plus ciblée.

La traçabilité, la transparence des comptes sont devenues des exigences fortes du public, alors que dans le même temps, les citoyens avouent connaître mal l'action des pouvoirs publics : à l'automne 2002, 54 % du grand public, 57 % de l'ensemble des chefs d'entreprise, et même 70 % des chefs d'entreprise réalisant un chiffre d'affaires de 10 millions d'euros et plus, estiment que le niveau d'information sur l'action du conseil général est insuffisant [8]. Identifier les chefs de file et mettre à jour l'attribution des compétences permettraient de généraliser une meilleure compréhension des enjeux et des rouages de l'action publique.

Remarquons enfin que l'érosion des repères, qu'il s'agisse des corps intermédiaires comme l'Église ou les syndicats, ou bien des valeurs traditionnelles suscite de manière générale une quête d'identification. Les votes protestataires – entre autres – reflètent bien cette recherche. Or, le monde local pourrait constituer un repère facilement identifiable, susceptible de servir de pivot pour l'exercice des solidarités.

D'un jeu à deux à un jeu à quatre

La culture politique française repose sur une structure hiérarchique pyramidale et sur la concentration des pouvoirs (exécutif, législatif, judiciaire) au niveau central. Elle hérite en cela à la fois de l'Ancien

Régime et de l'ordre napoléonien. Les décisions se prennent au sommet et descendent vers la base de la pyramide ; il n'y a quasiment pas de mouvement inverse, de bas en haut, à l'unique exception des rendez-vous électoraux, et très peu de place laissée aux corps intermédiaires (associations, syndicats, religions). Ce modèle de société conduit à une relation bipolaire, bien cristallisée dans l'opposition des deux concepts de l'État et du citoyen. C'est une relation de tutelle (de l'État) et d'allégeance (du citoyen) qui s'inscrit dans un cadre conceptuel abstrait, le modèle républicain, dont les principes légitiment l'ensemble du système politique sans en décrire la réalité.

On voit toutefois depuis une vingtaine d'années apparaître sur la scène politique des acteurs dont le rôle est désormais largement reconnu et valorisé : il s'agit de la société civile d'une part, des collectivités locales de l'autre. Les représentants de la société civile (ONG, associations, entreprises, syndicats) sont devenus des interlocuteurs indispensables, en France comme sur la scène internationale, par leurs prises de positions et leurs actions.

Le poids des collectivités locales en France s'est renforcé depuis les lois Defferre et elles ont fait la preuve du bien-fondé de leur action et de la valeur de leurs compétences [9].

Nous sommes donc devant un nouveau modèle de relations politiques, quadripartite et non plus bipolaire, actuellement en porte-à-faux avec l'architecture institutionnelle et décisionnelle des pouvoirs publics.

Le déséquilibre des pouvoirs affaiblit les contre-pouvoirs

Le fait qu'un hiatus se soit creusé entre le système politique français et la réalité de la société s'explique en partie par la défaillance du jeu des pouvoirs et des contre-pouvoirs.

La concentration excessive des pouvoirs au niveau central n'introduit pas seulement des doutes sur la légitimité et l'efficacité de l'action publique ; elle signale aussi un déficit de l'équilibre des pouvoirs. Le cumul des mandats en est l'emblème : est-il sain qu'un même homme fasse partie du pouvoir législatif en étant député et du pouvoir local, de par sa mairie et/ou la présidence de région, ou bien qu'il puisse cumuler des fonctions ministérielles et des fonctions locales importantes ?

Le jeu à deux, déjà réducteur, est donc faussé par le surpoids de l'État. L'écart est encore creusé par les failles de la démocratie représentative et l'absence de démocratie participative et consultative, aboutissant à la marginalisation du citoyen et à son désengagement. Le seul mode de participation politique des citoyens actuellement est le processus électoral, qui est un acte ponctuel, espacé dans le temps. Il n'y a que peu de droit de suite des décisions prises et peu de consultations de la population hors période électorale. La société civile est totalement absente du processus politique, sauf sous forme de lobbies.

Or, la faiblesse des contre-pouvoirs, qui est dommageable pour la démocratie et plus généralement pour la conduite de l'action publique, vicie également les termes du débat politique : les oppositions se cristallisent alors de manière frontale, des conflits locaux s'étendent au niveau national, la méfiance gagne. Les programmes politiques, axés sur des propositions similaires de gestion, se rejoignent tandis que les affrontements de principe s'exacerbent. L'indigence manifeste du débat lors des élections présidentielles entre les deux grandes formations atteste de cette raréfaction de l'air politique dans un jeu fermé.

Le système français repose donc sur un déséquilibre pour le moins malheureux entre les pouvoirs publics, bien souligné par Bruno Rémond dans la conclusion du livre où il dresse un panorama européen de la démocratie locale : « Dorénavant en effet, le véritable – et toujours indispensable – équilibre entre les pouvoirs, mal assuré par la séparation fictive ou dysfonctionnante entre le législatif et l'exécutif, serait mieux servi par une séparation entre les différents niveaux institués, du national jusqu'au local. Ce serait reconnaître enfin la légitimité du pouvoir territorial, issu du suffrage universel direct tout comme le pouvoir législatif et le pouvoir exécutif[10]. »

Réfléchir en effet à la manière d'allier représentation des territoires et représentation des hommes peut être une solution au grippage des contre-pouvoirs. Par delà les problèmes de gestion administrative, la décentralisation est l'occasion de rééquilibrer les places respectives des différents acteurs de la vie publique.

Des enjeux inédits

La clé de la réussite d'une réforme consiste premièrement à partir des enjeux concrets, deuxièmement à imaginer des solutions à échelle variable. La proximité n'est pas la panacée, surtout si elle reste conçue à partir de modèles sociaux et économiques qui ne sont plus en phase avec la société. Seule la réflexion prospective et l'action concertée permettent d'avancer. L'enjeu de la décentralisation est donc bien aussi de répondre aux problèmes inédits, qui surgissent en même temps qu'apparaissent de nouveaux modes de vie.

Ces enjeux sont de nature diverse mais ils sont tous liés à l'évolution des territoires. Car un décalage se creuse entre la circonscription administrative et les activités humaines, influant en ricochet sur le périmètre de l'action publique.

Citons en premier lieu tous les problèmes de flux, qu'il s'agisse des migrations journalières (le déplacement domicile-travail ne cessant de s'allonger) ou des migrations saisonnières (notamment touristiques). L'offre de services publics, traditionnellement conçue en fonction des résidents permanents du territoire, n'est plus adaptée à la demande des utilisateurs qui ne sont pas forcément résidents. Quels sont les services les plus utilisés par celui qui vit à la campagne mais qui travaille, achète et consomme des loisirs à la ville ? N'est-il pas un « passager clandestin » par rapport aux résidents du centre-ville, profitant des infrastructures que ces derniers financent ? Les structures intercommunales ne résolvent que partiellement ces questions, particulièrement sensibles par exemple en matière d'équipements socio-sportifs ou d'implantation des commerces.

Citons encore la nécessité de mettre en réseau certains services. Cela se justifie dans les zones les moins peuplées ou pour des services spécifiques, plus rares (par exemple dans le domaine de la formation), pour des contraintes de coût et de déplacement. Ne peut-on imaginer une solution semblable à celle qui prévaut dans beaucoup d'entreprises, avec des guichets d'accueil sur tout le territoire, similaires au *front-office* et un service unique de traitement des informations qui servirait de *back-office*?

Il faut également tenter de mieux prendre en compte les enjeux transversaux à plusieurs circonscriptions administratives. La protection de l'environnement fait partie des domaines les plus évidemment transversaux : gérer le curage d'une rivière qui traverse plusieurs communes ou départements suppose une réflexion et une décision partagées. Citons également les questions de développement économique qui opèrent à l'échelle des bassins d'emploi, ou la politique du logement qui doit être pensée à l'échelle du bassin d'habitat.

Enfin, rappelons la nécessité de faire face aux événements exceptionnels (catastrophes naturelles ou industrielles) dont l'extension respecte rarement les découpages administratifs et dont la gestion spécifique est bien distincte de la mission quotidienne des fonctionnaires territoriaux.

Les solutions territoriales traditionnelles sont mal adaptées à ces enjeux nouveaux. Outre la redéfinition des territoires administratifs et de leurs compétences, deux modes opératoires sont appelés à se développer. Il s'agit en premier lieu de l'établissement public *ad hoc* conçus en fonction d'une finalité spécifique et non par rapport à une circonscription administrative.

Cette formule allie la souplesse de gestion de l'entreprise au respect de l'intérêt général. Le second part du principe que les élus doivent être secondés dans certains cas par des personnels spécialisés, une *task-force* mobile, régionale ou nationale, dont l'action viendrait compléter celle des fonctionnaires territoriaux. On peut imaginer par exemple un volant de médecins saisonniers qui viendraient seconder les personnels des zones de forte affluence touristique en saison, ou bien des équipes spécialisées dans la gestion des crises liées à des catastrophes naturelles ou terroristes.

La décentralisation peut répondre à la crise actuelle du politique en France si elle promeut un rééquilibrage des pouvoirs publics et un changement de comportement politique des citoyens comme des responsables. Elle répond également à la demande d'évolution de l'action publique vers plus d'efficacité et surtout de plus de pertinence dans un contexte social et économique en profonde mutation.

La première phase de décentralisation, entre 1982 et 2002, a consacré la place de l'élu local, au travers de ce qui avait été qualifié à l'époque par Gaston Defferre de logique de « décolonisation intérieure » des collectivités locales. (Il se référait à la suppression de la tutelle de l'État sur celles-ci.) La deuxième phase de décentralisation aura du sens si elle va plus loin, c'est-à-dire si elle consacre la place respective de chacun des acteurs locaux : les citoyens, la société civile, les collectivités locales, l'État.

La « décolonisation » est décidément aujourd'hui passée de mise : c'est une « dévolution » qu'il nous faut, c'est-à-dire un transfert de pouvoirs, un pas de plus vers « l'association libre des citoyens » que Tocqueville espérait voir succéder à la puissance individuelle des nobles.

III
Quels principes directeurs pour la réforme ?

Mettre le citoyen au cœur de l'action publique...

Une fois constaté le blocage et posée la nécessité de la réforme, il convient de définir la philosophie de l'action publique que l'on veut mettre en pratique. Le succès de la réforme dépend en effet de sa cohérence première et de sa souplesse face à l'événement. Revenons donc au cœur de la définition de l'action publique : elle résulte de la volonté d'organiser collectivement la vie de la « cité » au sens grec. Cette organisation collective se traduit par une gestion quotidienne qui régule les rapports des hommes entre eux (justice, police) et délimite un cadre pour l'exercice de leurs activités (les services publics). Mais elle tire son sens de la participation collective des membres de la cité, les citoyens. Pour être efficace et pertinente, l'action collective doit être plus lisible et surtout elle doit inscrire en son centre le citoyen, prescripteur, bénéficiaire et acteur de la vie publique.

D'une certaine manière, la démocratie doit faire son deuil de la figure paternelle de l'État afin de parvenir à sa majorité. Les citoyens, dès lors qu'ils jouiront de la possibilité de participer aux décisions, seront amenés à s'intéresser et à s'engager davantage dans la vie publique. Pour briser le cercle vicieux actuel, de la défiance au vote protestataire, à l'abstention et à son corollaire l'assistanat, il faut pouvoir initier un cercle vertueux, de la concertation à l'engagement et à son corollaire, l'initiative. Ouvrir l'action publique au citoyen n'est pas une sinécure : cela suppose une pédagogie et aboutit à une prise de responsabilité. La décentralisation peut en être le moyen.

Mais pour que le citoyen retrouve un rôle central dans la vie publique française, il apparaît crucial d'une part de prendre en compte la spécificité des situations vécues par les citoyens au travers d'une différenciation de l'action publique, et d'autre part de clarifier l'exercice des responsabilités publiques afin que le citoyen puisse à la fois s'investir et demander des comptes.

Deux principes : responsabilité et différenciation

Afin de traduire concrètement cette nouvelle philosophie de l'action publique et d'opérer sa réorganisation, il convient de souligner ces deux principes fondateurs, responsabilité et différenciation.

Une responsabilité accrue

Cette notion recouvre deux sens différents mais complémentaires.

Le premier est celui *d'empowerment* : il consiste à conférer une autorité officielle et une plus grande liberté d'action à ceux qui étaient auparavant sous tutelle.

Dans le cas d'une réforme décentralisatrice, cela se traduit par des transferts de compétences et de ressources ; cela suppose également de préciser clairement qui est en charge, en désignant des chefs de file dans chaque domaine d'action.

Le deuxième sens de la responsabilité est celui *d'accountability*, par lequel est institué le devoir de rendre compte. L'action publique doit pouvoir être plus lisible aux yeux des citoyens, fondés à suivre et à évaluer la mise en œuvre des politiques décidées. Cela suppose d'instaurer plus de transparence et d'instituer des structures de suivi en continu de l'action publique, en renforçant la démocratie participative et consultative.

Une différenciation assumée

La différenciation part du principe que la spécificité des situations locales appelle une gestion différenciée, qui n'implique pas de renoncer pour autant à des objectifs nationaux. Elle s'oppose à ce qui prévaut aujourd'hui, à savoir une inégalité de fait sous une uniformité de façade.

Sous couvert de principes universels, la France est le théâtre de nombreuses exceptions à la loi commune et entérine une kyrielle de régimes inégaux : citons le régime de concordat en Alsace, le statut de la Corse et celui des DOM, la définition des jours fériés par la République laïque (correspondant pour plus de la moitié à des fêtes catholiques), la différence entre les régimes de retraite des salariés du privé et du public... La variété des exemples cités montre bien que... sous couvert d'uniformité, c'est bien plutôt la disparité qui prévaut dans tous les domaines. Rien de plus normal somme toute, car tout diffère d'un point à un autre de notre territoire : le relief, la démographie, le climat, les activités économiques, les loisirs…

Accepter la différenciation, c'est reconnaître officiellement la variété des situations et en faire un atout au lieu de vouloir continuer à la masquer. C'est reconnaître aussi que les coûts de gestion d'une même compétence varient d'un point à un autre du territoire. Cette réforme permettrait également de repenser le travail du législateur, qui se contenterait de tracer les grandes lignes directrices, d'encadrer et d'évaluer l'action publique, dont les modalités opératoires seraient définies au plus près des réalités. Différencier la gestion locale est un gage de plus d'efficacité et l'occasion de simplifier des lois-fleuves, devenues trop complexes et vétilleuses.

La traduction de ces principes dans les faits

Ces deux principes sont appelés à inspirer la réforme sous tous ses aspects et dans tous les domaines. C'est en les promouvant de manière systématique, en tous lieux et en tous domaines, que l'on parviendra à opérer la révolution des esprits sans laquelle une réforme ne peut véritablement aboutir.

Le tableau qui suit vise, sans prétendre être exhaustif, à en présenter la variété d'application.

Ne nous y trompons pas : on peut bien sûr lancer un deuxième acte de la décentralisation qui fonctionnerait exactement comme le premier, c'est-à-dire par l'octroi de compétences et de ressources supplémentaires aux différents niveaux locaux. Mais alors on ne change pas de logique institutionnelle et on ne guérit pas le mal qui ronge le cœur de la vie politique française, à savoir la marginalisation des citoyens. On peut aussi être tenté par un seul des principes directeurs évoqués ici. Mais ils sont indissociables car une différenciation de l'action publique qui ne serait pas assortie de la désignation claire de chefs de file et de l'obligation de rendre des comptes, ne gagnerait pas en légitimité vis-à-vis des citoyens. Elle risquerait en sus d'aboutir tôt ou tard à une reprise en main de la gestion locale par les instances centrales. Inversement, renforcer la responsabilité sans donner aux élus les moyens juridiques et financiers de proposer des politiques spécifiques, différentes d'un point à un autre du territoire, reviendrait à relâcher un oiseau dont on aurait rogné les ailes.

Où ?	Comment ?
Échelons administratifs	Distinguer clairement les fonctions (l'État : arbitre et contrôle, les régions organisent, les collectivités gèrent)
Compétences partagées	Établir des chefs de file
Situations spécifiques	Créer des établissements publics locaux *ad hoc*
Représentativité	- Pas de collectivités sans élections (élection des conseils d'agglomération) - Pas d'habitants sans expression démocratique : droit de vote municipal pour l'ensemble des résidents d'une circonscription
Mandats	Strict non-cumul et statut de l'élu
Fiscalité	Clarifier le pouvoir fiscal local en le spécialisant
Contre-pouvoirs	Conseils de quartiers, conseils locaux thématiques

Reconnaître la différence

Où ?	Comment ?
Structure territoriale	Moduler le nombre de niveaux administratifs selon les cas
Service public	Garder au sein de la sphère publique l'encadrement de l'action publique mais développer pour sa réalisation des partenariats avec des prestataires, publics ou privés
Compétences	Permettre aux régions de choisir des compétences spécifiques à exercer
Besoins ponctuels ou spécifiques	Développer une *task-force* mobile, intervenant à la requête des collectivités locales

IV
Pas de responsabilité sans démocratie

L'action publique tient sa légitimité de ce qu'elle incarne la volonté collective. La démocratie représentative en était traditionnellement le moyen, via le système des partis et la succession des élections. Aujourd'hui elle patine. L'érosion des corps intermédiaires, l'évolution de la population et le développement de la société civile font apparaître de nouveaux besoins et révèlent au grand jour les carences du système politique actuel. Exiger des élus plus de responsabilité a un préalable, cela suppose de refonder le processus démocratique.

Clarifier les engagements

La clarification des engagements s'entend dans les deux sens : une clarification des tâches assumées par les élus au travers d'un non-cumul strict des mandats exécutifs, et une clarification des engagements collectifs vis-à-vis des élus au travers d'une redéfinition de leur statut.

L'importance et la complexité des tâches assumées par les élus sont telles que le cumul des fonctions exécutives pose problème. Elles sont également difficilement compatibles avec un portefeuille ministériel ou un mandat européen. La question du non-cumul simultané va de pair avec celle des cumuls successifs : il n'est pas bon pour la démocratie qu'une même personne conserve les mêmes fonctions exécutives pendant plus de vingt ans, parfois plus de trente ans. La limitation à deux ou trois mandats successifs dans la même circonscription favoriserait le renouvellement des élus. L'ensemble des dispositions relatives au non-cumul des mandats, en ouvrant des postes, créerait un appel d'air pour les populations les moins bien représentées dans la classe politique. En revanche la représentation des collectivités locales continuerait d'être assurée au Sénat, le mandat de sénateur restant compatible avec des fonctions exécutives locales. On peut même imaginer de conditionner l'obtention d'un mandat de sénateur au fait d'avoir exercé des responsabilités en collectivité locale, plutôt que de se référer à un âge minimum.

Cette réforme n'est possible que si on met en place un véritable statut des élus qui précise leur situation sur les points suivants :

– revalorisation des rémunérations ;

– accès à des prestations sociales spécifiques (sécurité sociale, mutuelles, retraites) ;

– formation initiale en début de mandat et formation continue ;

– instauration d'un congé électif sur le modèle des congés parentaux, qui permette à la personne de retrouver son activité en fin de mandat.

Changer les conditions d'exercice du mandat permettrait à un plus grand nombre de personnes actives

dans le secteur privé de briguer des fonctions élec-
tives, et rééquilibrerait la représentation politique.

Signalons à cet effet les propositions du Medef,
selon lesquelles les entreprises pourraient prendre en
charge pour partie le coût de ce rééquilibrage.

Ouvrir l'accès à l'expression politique

Le débat sur le droit de vote des étrangers aux
élections locales est revenu sur le devant de la scène à
l'occasion de la proposition d'un contrat d'intégration
pour les nouveaux arrivants. La question fut et
demeure sensible au sein de la classe politique et
auprès de l'opinion publique. Mais si, au lieu de
l'envisager à l'aune des politiques d'intégration, on
aborde le sujet en partant des droits et des devoirs des
résidents d'un territoire, il apparaît clairement que
l'ouverture du droit de vote est non seulement légitime mais encore bénéfique pour les territoires.

En effet, si le critère de la nationalité demeure
déterminant pour voter aux élections nationales (présidentielles, législatives), on peut s'interroger sur sa pertinence aux élections locales (municipales,
départementales, régionales). La mondialisation ampli-
fie les mouvements migratoires, que ce soit entre les
continents, au sein de l'Europe ou dans l'Hexagone. Le
nombre de ressortissants français résidant à l'étranger
augmente, tout comme celui de ressortissants étrangers
en France. Ces personnes font partie intégrante de la
vie locale, par les impôts qu'elles payent et par leur
implication dans les associations. Le fait qu'elles ne disposent actuellement d'aucun canal d'expression poli-

tique pose problème et sape la légitimité du système de représentation. L'ouverture du droit de vote aux ressortissants de l'Union européenne pour les scrutins locaux, effective depuis les municipales 2001, a marqué un premier pas dans la reconnaissance de la légitimité du vote des résidents : elle concerne 1,2 million de personnes. Les résidents étrangers non communautaires recensés en 1999 sont 2 millions.

Parce qu'il crée des intérêts communs et les conditions d'un meilleur « vivre-ensemble », le droit de vote local des étrangers est l'aboutissement logique du contrat d'intégration. Rappelons que la France est à la traîne de l'Europe sur cette question : le Parlement européen s'est prononcé à plusieurs reprises en faveur de l'élargissement du droit de vote aux résidents, et plusieurs pays ont déjà autorisé les étrangers à accéder aux urnes. C'est le cas en Irlande depuis 1963, en Suède depuis 1975, au Danemark depuis 1981, aux Pays-Bas depuis 1985. La Grande-Bretagne autorise les ressortissants du Commonwealth à voter depuis 1948, l'Italie, l'Espagne et la Finlande ont accordé ce droit à des ressortissants de pays partenaires. Ne doutons pas qu'avec le temps, la France des Droits de l'homme, et avec elle le reste des pays de l'Union européenne, rejoindront ces pionniers.

Développer la démocratie consultative et participative

Si l'objectif de la décentralisation est de mettre le citoyen au cœur de l'action publique et de lui confier les rênes, on ne peut faire l'économie de pratiques encore embryonnaires en France, la démocratie consultative et la démocratie participative.

Dire en effet que le citoyen doit être au cœur de l'action publique serait se payer de mots si on ne lui reconnaissait une responsabilité dans la prise de décision publique. En outre, la pédagogie collective qui résulte des démarches consultatives et participatives permettrait à tous de mieux comprendre les contraintes, les coûts et les enjeux de l'action publique.

La première consiste à consulter la population de manière régulière en dehors des périodes électorales : cela se fait généralement sur des sujets précis mais on peut également faire un appel ouvert à contributions. La dimension consultative de la démocratie est encore peu développée : la mise en place des conseils de quartiers par la loi Vaillant ou la proposition initiale du gouvernement Raffarin de création d'un référendum local assorti d'un droit de pétition par les habitants vont dans ce sens mais sont récentes. Les Conseils économiques et sociaux régionaux sont des structures beaucoup plus anciennes, qui canalisent l'expression de la société civile constituée (professions, industries, associations) mais ils n'ont qu'une faible visibilité auprès du public et leur mode de recrutement est mal connu. Internet permet d'explorer d'autres pistes : mise en place de forums locaux, retransmission des séances du conseil municipal, appel à contributions. Le point commun à toutes ces pratiques est de réintroduire du dialogue et de la concertation, en préalable à la décision publique et en continu tout au long des mandats : elles réintroduisent du temps long en amont de l'action mais peuvent réduire considérablement les oppositions et les mécontentements, ainsi qu'éviter d'éventuels effets pervers.

La démocratie participative va plus loin car il s'agit de confier un pouvoir de décision directement aux citoyens. Les expériences pionnières dans ce domaine datent des années quatre-vingt : les habitants sont conviés par exemple à voter tout ou partie du budget de la collectivité selon différentes modalités (certains votent seulement une partie du budget d'investissement, d'autres votent les grandes lignes du budget de fonctionnement). Connue pour avoir été développée au Brésil où elle concerne plus de 140 villes dont plusieurs très grandes agglomérations, la démocratie participative a également été tentée en Europe : en Espagne dans la banlieue de Barcelone, en Grande-Bretagne dans la ville de Milton-Keynes, en France dans les communes de La Roche-sur-Yon, de Sète et de Saint-Denis. Ces initiatives, encore très récentes, vont dans le sens d'une prise en charge de la décision publique par une concertation entre élus et citoyens. On peut également imaginer de faire entrer des citoyens et des représentants de la société dans des structures pérennes renouvelées régulièrement, des assemblées locales jouant auprès des établissements publics un rôle comparable à celui des conseils d'administration.

V
Reconnaître et aménager la différence

Les découpages administratifs actuels ont été conçus, pour l'essentiel, il y a près de deux siècles : l'économie et la démographie des territoires ont radicalement changé depuis. L'empilement de structures consécutif aux différentes réformes a suscité ce qu'on appelle désormais le « mille-feuille » administratif : soit au moins quatre niveaux distincts (commune, intercommunalité, département, région) sur chaque point du territoire. La lisibilité des interventions administratives et l'efficacité de la répartition des tâches en sont affectées. Cette uniformité apparente cache en réalité une extrême diversité de l'action administrative. On recense ainsi pour la seule Basse-Normandie près de 4 500 « zones » différentes relevant de 40 zonages thématiques [11].

L'enjeu de la différenciation est donc double : d'abord permettre une recomposition des territoires administratifs en fonction des spécificités locales, ensuite reconnaître une souplesse de gestion au niveau local.

Le principe de la différenciation territoriale

La recomposition territoriale peut emprunter deux voies. La première est celle de la simplification du nombre d'échelons assortie éventuellement d'une réduction du nombre de collectivités pour chaque échelon. Cela pourrait se transcrire concrètement par une réduction à deux échelons (la région et les intercommunalités) assortie d'une réduction en nombre des régions, passant de 26 à une dizaine. Or, bien qu'elle introduise plus de lisibilité, cette solution resterait conforme au principe de l'uniformité administrative et ne pourrait être mise en œuvre que par un geste autoritaire de l'État central. La deuxième solution, plus respectueuse de l'histoire française, repose sur l'idée que la légitimité du découpage (et son efficacité !) vient des territoires eux-mêmes et des populations qui les habitent.

Le principe de la différenciation territoriale, c'est-à-dire d'une organisation à géométrie variable veut qu'à chaque territoire corresponde un mode d'administration approprié, susceptible de comporter tantôt un ou plusieurs échelons administratifs.

Le recours à la métaphore automobile peut éclairer cette conception de l'administration locale : les grandes marques proposent en effet une gamme de produits diversifiés, permettant tous de se déplacer et tous construits sur les mêmes principes, mais disposant de caractéristiques propres adaptées à l'usage spécifique que l'on peut en faire. Cette conception de la gestion locale n'est pas une simple théorie, elle est déjà mise en pratique dans d'autres pays.

Prenons l'exemple des États-Unis ou du Canada: les comtés sont de taille inégale et leurs pouvoirs varient d'un État à l'autre, le mode de fonctionnement des municipalités varie (maire élu au suffrage universel et conseil municipal, gestion par commissions, conseil municipal et administrateur recruté par le conseil). Certains comtés se subdivisent en *townships*, d'autres non. Enfin 33 000 districts spéciaux thématiques (eau, parcs naturels, bibliothèques...) gèrent les services locaux [12].

L'essor nécessaire des régions

Dans l'optique d'une recomposition du territoire français, il faut dire un mot des régions. Les régions françaises sont de création récente et disposent actuellement de peu de pouvoir. Elles ont pourtant le potentiel d'une collectivité-pivot, susceptible de structurer l'ensemble du paysage administratif français.

Le projet de loi constitutionnelle du 27 avril 1969 du général de Gaulle reste visionnaire: celui-ci prévoyait de diviser le pays en régions (inexistantes alors) dotées de très importantes compétences et de faire de celles-ci l'armature territoriale de la France. Trente-trois ans après son échec, l'histoire remet son projet à l'honneur. La régionalisation correspond en effet à deux tendances fortes: l'intégration européenne qui va développer la compétition et la coopération des régions, au sein et hors de l'Hexagone; l'avènement d'économies régionalisées.

De plus, on remarquera que la politique d'aides européennes est déjà conçue en fonction d'espaces de taille régionale (NUTS 2) et qu'il existe une représentation spécifique des régions à Bruxelles. Le marché unique, l'euro et l'élargissement sont autant de facteurs qui présagent d'une intensification des échanges entre les régions. Or, une compétition accrue signifie que les entreprises seront encore plus demandeuses de services publics : de voirie, d'électricité, de dessertes ferroviaires mais aussi de transports urbains, etc. Il devient donc essentiel de renforcer les régions françaises dans leur capacité de gestion, de décision et de négociation.

Par ailleurs, les travaux des économistes mettent de plus en plus en valeur la notion d'économie régionale, dont le fonctionnement et les ressorts relèvent de logiques spécifiques, distinctes des grands ensembles macroéconomiques nationaux [13]. Prenons deux exemples : la répartition des richesses et l'incidence des politiques de transport. On observe ainsi sur les dernières années une augmentation des inégalités entre régions d'un même pays, alors que les inégalités entre pays de l'Union européenne se réduisent. On remarque également qu'une même politique de transports, par exemple un tronçon d'autoroute, aura des effets tantôt positifs tantôt négatifs selon l'échelle territoriale retenue. Il existe donc un potentiel de croissance non négligeable à échelle régionale, qui justifie que l'on mette en cohérence un grand nombre de politiques publiques à ce niveau.

Tableau d'une France différenciée

La recomposition territoriale

Dans ce modèle d'une France recomposée, les différents niveaux de collectivités garderaient leur spécificité, stratégique, opérationnelle ou de proximité : les régions ont un rôle organisateur et fédérateur, les départements et les grandes intercommunalités gèrent les flux et les équilibres tandis que les communes et les petites intercommunalités offrent les services de proximité.

L'organisation territoriale serait adaptée aux besoins spécifiques et à la volonté de la population locale. Certains territoires continueraient à être gérés sur quatre niveaux, d'autres pourraient fonctionner sur un nombre plus réduit de niveaux. Cette réduction du nombre de niveaux peut se faire par fusion de collectivités existantes (par exemple les départements) ou en créant des collectivités *ad hoc*, au statut particulier. Les cas de Paris, de la Corse ou des DOM s'y prêtent.

Les électeurs eux-mêmes sont plutôt favorables à un remaniement territorial : un sondage effectué en septembre 2002 a indiqué que 70 % des Alsaciens étaient favorables à la fusion des deux départements du Haut-Rhin et du Bas-Rhin. En fusionnant ces deux départements avec la région, nous verrions naître une collectivité à l'identité historique, économique et culturelle clairement affirmée dont la puissance financière (environ 1 milliard d'euros si on additionne les budgets) lui permettrait de dialoguer à égalité avec les *Länder* voisins. De même en est-il des deux Normandies, qui pourraient constituer un seul ensemble régional. Inversement, certains estiment qu'il serait logique de dissocier le Pays basque et le Béarn en deux départements, ou redécouper le département du Nord. Le Premier ministre, Jean-Pierre Raffarin, estime notamment que les propositions de redécoupage des régions et de fusion des départements émanant des élus eux-mêmes pourraient être nombreuses aux élections régionales de 2004.

Les champs de compétence

À terme et une fois la recomposition territoriale établie, il faut établir le champ de compétence spécifique de chaque collectivité. Là encore, le principe de différenciation territoriale joue, en fonction des besoins spécifiques. La région Nord-Pas-de-Calais, par exemple, a déclaré son intention de privilégier l'éducation et la formation professionnelle, à la différence de la Bretagne dont la priorité sera le traitement des eaux et qui en demandera la compétence.

Voici un rapide aperçu des possibilités au plan local :

– Le territoire s'organise en un seul niveau global, avec des subdivisions par quartiers. Ce peut être le cas des très grandes villes ou au contraire de territoires de petite taille avec des spécificités très marquées (cas des communautés de communes rurales. Ces collectivités *ad hoc* prendront en charge de nombreuses compétences.

– Le territoire s'organise en deux niveaux : la région qui est l'échelon stratégique et opérationnel, et l'intercommunalité qui est l'échelon de proximité. Cette situation convient bien à des territoires de taille moyenne, déjà très intégrés. Un territoire A peut choisir la compétence éducation et la gestion des fonds européens, un territoire B, la gestion des fonds européens et la compétence culture-tourisme.

– Le territoire s'organise en trois niveaux ou plus. Ce peut être le cas de territoires qui conjuguent une pertinence globale (comme dans le cas d'une zone frontalière) et des clivages internes forts ou un relief particulier. La région reste l'échelon stratégique et opérationnel pour les grands projets, le département est l'échelon opérationnel pour les questions sociales, les communes sont l'échelon de proximité.

Ainsi, l'organisation administrative de la France s'accorderait enfin avec la réalité « ondoyante et diverse » de ses territoires ! Seuls les « centralisateurs invétérés » crieront au saccage du jardin à la française !

L'Europe des différences

Un tour d'Europe des collectivités locales fait apparaître que chez tous nos voisins, la différenciation institutionnelle et administrative est la règle.

La structure territoriale peut comporter un nombre d'échelons différents selon les cas. C'est le cas en Grande-Bretagne dont le système administratif est à géométrie variable selon les territoires. Il existe en effet tantôt un seul échelon local (*unitary authorities*), tantôt deux échelons principaux, les comtés et les districts.

La structure diffère en outre dans les quatre pays qui composent le Royaume-Uni : l'Angleterre, l'Écosse, le Pays de Galle et l'Irlande du Nord. Les trois derniers n'ont qu'un seul statut de collectivité alors que l'Angleterre possède des collectivités de statut différent : *metropolitan district*, *rural districts*, *unitary authorities* et les *boroughs* londoniens.

Un même échelon administratif peut recouvrir des réalités différentes. C'est le cas dans les deux pays unitaires les plus fortement régionalisés d'Europe, l'Espagne et l'Italie. L'Italie comprend 20 régions, dont 5 jouissent d'un statut spécial depuis la fin des années quarante. Ces 5 régions disposent de pouvoirs exécutifs et législatifs plus larges que les autres, en raison de leur statut insulaire ou frontalier (Sicile, Sardaigne, Trentin Haut-Adige, Frioul-Vénétie, Val d'Aoste). En Espagne, les 17 communautés autonomes (l'équivalent de l'échelon régional) se répartissent en communautés « à compétences élargies » et en communautés « à compétences initialement limitées ».

Certains territoires jouissent d'un statut particulier. C'est généralement le cas des grandes villes. Londres est ainsi géré selon une formule *ad hoc*, le *Greater London Authority*, avec un gouvernement local composé d'un maire et d'une assemblée élus au suffrage universel direct depuis 2000. Les municipalités de Madrid et de Barcelone sont aussi régies par une charte spéciale et, en Allemagne et en Autriche, il existe des « villes-États ». Cette situation peut s'appliquer en dehors des grandes villes. C'est le cas dans les territoires insulaires tels que la Sicile, les Canaries, les Hébrides. En Espagne, la législation des communautés autonomes a également créé des statuts particuliers pour des communes de moins de 500 habitants, des communes rurales, touristiques ou de montagne…

Un même territoire peut être régi par une double structure. C'est le cas de la Belgique où la révision constitutionnelle de 1993 a mis en place un dédoublement fonctionnel entre les trois communautés (flamande, française et germanophone) définies selon des critères linguistiques, et les trois régions (flamande, wallonne et bruxelloise), définies selon des critères purement territoriaux. Les compétences des communautés sont centrées sur les questions culturelles, éducatives et sociales tandis qu'au niveau régional prédominent les questions d'aménagement spatial et de développement économique. La différence des missions permet de respecter les spécificités de la population. Les communes régies par la communauté germanophone se situent ainsi dans la région wallonne ; les habitants de Bruxelles, reconnue comme une région bilingue, peuvent opter soit pour la communauté flamande, soit pour la communauté française.

Un pouvoir législatif local. Par delà la question des découpages territoriaux et des niveaux d'administration, on peut remarquer que dans plusieurs pays (Allemagne, Espagne, Grande-Bretagne), il existe un pouvoir législatif local qui complète ou se substitue au pouvoir législatif national. De plus, les attributions de ces assemblées locales peuvent différer selon les territoires. Ainsi en Grande-Bretagne, le Parlement écossais dispose ainsi d'un véritable pouvoir législatif, bien plus étendu que celui de l'Assemblée galloise qui se cantonne aux lois d'application et à la réglementation.

Ce bref panorama des systèmes locaux fait bien apparaître que la priorité est partout donnée chez nos voisins à la spécificité historique et économique des territoires, et ce quel que soit leur statut, État unitaire ou État fédéral. La décentralisation peut être le meilleur garant de la vitalité de nos racines territoriales et continuer à nourrir le « génie français ».

VI
Que deviendrait l'État ?

Malentendu sur l'État

Un vocabulaire guerrier est parfois employé pour dire que la décentralisation reviendrait à un assaut contre l'État, dont les collectivités locales se partageraient les dépouilles. Mais cet affrontement n'a pas de sens et le spectre d'une disparition de la puissance publique s'évanouit dès que l'on redonne leur sens aux mots. Les collectivités locales en effet ne sont pas les concurrents de l'État, mais font partie intégrante de la sphère publique en France ; l'État au sens strict comprend uniquement le gouvernement et les administrations centrales. Les adversaires de la décentralisation se fondent sur ce malentendu pour prétendre qu'elle affaiblirait l'État. Au contraire, la réorganisation des pouvoirs publics, en simplifiant les décisions et leur application, aboutit à un renforcement de la sphère publique au niveau central comme au niveau local.

La répartition des tâches

Cette réorganisation serait fondée sur une répartition des tâches plus nette qu'aujourd'hui, fondée sur un principe simple: *tout ce qui relève de la gestion de la vie quotidienne et de ses aléas est confié aux collectivités locales, tandis que les missions stratégiques incombent à l'État central.*

Car l'État, trop éloigné des réalités, trop uniforme dans ses réponses, trop tatillon dans le règlement n'est pas forcément un bon gestionnaire. Pourtant, aujourd'hui en France, il est encore directement en charge de nombreuses tâches de gestion publique. Une fois débarrassé de la charge de gestion du quotidien, l'État pourrait renforcer son action dans des domaines stratégiques essentiels, le maintien de l'unité du pays, la défense de l'intérêt général et la régulation, ainsi que la définition d'une vision à long terme.

Au sein des collectivités locales, les tâches seraient réparties de manière pragmatique: à l'échelon supérieur la charge d'organiser l'action publique et d'anticiper les évolutions, aux échelons intermédiaires la mise en place des politiques publiques, aux échelons de proximité la présence quotidienne. En cas de situation spécifique appelant une réponse transversale à plusieurs niveaux de collectivités, une collectivité locale chef de file serait désignée. Ce statut de chef de file pourrait être précisé au sein d'un contrat entre les différents intervenants, indiquant clairement les engagements et les responsabilités des uns et des autres.

Le lien entre l'État et les collectivités locales serait assuré par les préfets, devenus directeurs généraux de l'ensemble des services déconcentrés de l'État en région.

Un État recentré sur ses missions essentielles

L'État conserve dans ce projet trois missions essentielles : assurer l'unité, effectuer le suivi, définir les orientations, qu'il peut d'autant mieux exercer qu'il est déchargé de ce qu'il fait mal, la gestion du quotidien.

Pour veiller à la cohésion nationale, l'État continuerait à assurer pleinement les fonctions régaliennes (police, armée, justice, diplomatie). Selon les cas, il assurerait également la part de l'action publique qui relève d'une stratégie nationale : par exemple dans le domaine des transports et de l'équipement, il continuerait à prendre en charge les grandes infrastructures, ou dans le domaine de l'éducation à fixer les programmes, à organiser les concours et à recruter les enseignants.

Afin de *suivre, contrôler et réguler l'action publique*, il disposerait de relais efficaces au sein des préfectures et au travers d'un corps de médiateurs locaux (cf. *infra*, chap. VII). Les activités d'inspection et d'audit seraient renforcées ; on peut également imaginer de développer la formule des agences nationales thématiques (santé, éducation, etc.) qui assureraient le suivi et la mise en cohérence des politiques locales. Les administrations exerceraient un pouvoir de sanction en cas d'infraction, le législateur fixerait les cadres de l'action publique locale, périodiquement réévalués, le gouvernement trancherait en cas de litige ou de contravention à l'intérêt général. En aucun cas, en effet, les tâches d'inspection, d'évaluation ou de contrôle ne sauraient être confiées au niveau local en raison des risques de conflits d'intérêt et de pressions.

L'État central aurait enfin à charge de *définir les grandes orientations* de la politique publique. Il fixerait ainsi des objectifs nationaux, annuels ou pluriannuels qui seraient débattus au Parlement, tout en laissant aux collectivités le soin de choisir la meilleure manière de les atteindre.

Il disposerait d'un outil de choix avec la Datar (Délégation interministérielle à l'aménagement du territoire et à l'action régionale rattachée aujourd'hui au Premier ministre), si elle était rénovée de manière à assurer le pilotage des multiples tâches d'aménagement du territoire aujourd'hui dévolues à une kyrielle d'intervenants : la Datar, le ministère de l'Équipement (qui a créé, par exemple, un « groupe central des grandes opérations d'urbanisme »), le ministère de l'Agriculture, celui de l'Environnement, de l'Industrie.... L'État stratège pourrait charger la seule Datar (regroupée éventuellement avec le Commissariat général du plan) d'organiser l'intervention des différents ministères ; le président de région et le préfet n'auraient alors plus qu'un seul interlocuteur central, la Datar reconfigurée. Et celle-ci serait chargée de piloter le schéma national des grandes infrastructutres, dans le contexte européen, des axes de transports aux technologies modernes (haut débit, couverture du téléphone mobile).

Ces trois missions essentielles peuvent servir de critères à la distinction entre les tâches transférables aux collectivités locales et celles qui doivent demeurer au sein de l'État.

Et la fonction publique ?

La mise en place de la décentralisation implique, à terme, de considérables transferts de personnels de la fonction publique centrale vers la fonction publique territoriale. Le seul transfert des personnels administratifs, techniques et sociaux de l'enseignement secondaire à la région Île-de-France ferait grimper ses effectifs de 1 100 à 20 000 salariés. La décentralisation conduit également à une redéfinition du rôle de la fonction publique centrale, qui suppose des efforts de formation et de recrutement.

La variété actuelle des statuts de la fonction publique n'est pas forcément incompatible avec ces transferts : on peut imaginer de généraliser différents types de passerelles déjà existantes, comme les détachements ou les mises à disposition. En revanche, cette « révolution des fonctionnaires » ne pourra se faire sans introduire plus de souplesse au niveau local, notamment dans la gestion des effectifs à laquelle devraient être associées les collectivités locales. Elle pourrait également être l'occasion de reconnaître la valeur du travail et de l'initiative des agents, en ouvrant plus largement la porte à des dispositifs de primes et d'avancement. L'adhésion des fonctionnaires de l'État est au cœur de la réussite de la réforme et il est indispensable de la mener en étroite concertation avec leurs représentants. Une information complète et transparente est indispensable de manière à pouvoir insuffler ce « plus d'oxygène », auquel beaucoup aspirent. Là aussi il s'agit de reconnaître la diversité des situations…

Le rôle du Parlement

La réforme de la décentralisation, en raison de son ampleur, doit être portée devant le pouvoir législatif et validée par ce dernier. Le projet de révision de la Constitution, examiné successivement par les deux chambres, stipule bien que si la République est une et indivisible, son organisation est décentralisée. C'est donc au travers d'une loi constitutionnelle qu'a débuté la mise en œuvre de la décentralisation prônée par le Premier ministre, consacrant ainsi le rôle du Parlement.

Mais la décentralisation est une réforme qui est appelée à se prolonger dans le temps, entrant dans un processus continu d'adaptation des institutions. Il sera dès lors légitime que les deux chambres y soient étroitement et en permanence associées, chacune avec sa vocation représentative privilégiée, le Sénat vis-à-vis des territoires, l'Assemblée nationale vis-à-vis des citoyens. Le gouvernement actuel a déjà proposé de réserver dans le calendrier du Parlement une semaine annuelle de travaux consacrés à la décentralisation et aux collectivités locales. Pourquoi ne pas étendre ce dispositif en suggérant une réunion conjointe des deux chambres le temps d'une semaine?

VII
Un exemple de décentralisation réussie : les transports

L'histoire des transports en France reflète le poids de la vision centrale qui a donné à l'Hexagone un maillage en étoile à partir de la capitale. Ceci s'explique par l'histoire française, la centralisation répondant à la nécessité d'intégrer plus étroitement les régions périphériques au XIXᵉ siècle, puis aux enjeux de la planification des années cinquante et soixante. La prépondérance de l'Île-de-France sur le plan économique y a joué un rôle. Mais plusieurs facteurs obligent à repenser le système hexagonal des transports dans une double perspective européenne et locale. Le traité de Maastricht a ouvert un espace de libre circulation entre les quinze pays membres de l'Union européenne, auxquels se joindront bientôt les dix nouveaux arrivants de l'Est : ceci influe tout particulièrement sur la question des transports en France, du fait de sa situation géographique de pivot entre l'Europe du Sud et celle du Nord. Par ailleurs, l'urbanisation massive de la population française d'une part, la recomposition du paysage économique français et le développement du tourisme entraînent au plan local une évolution importante des besoins de transports.

Si la planification nationale des grandes infrastructures reste essentielle, il apparaît de plus en plus nettement que la question des transports trouve une partie de sa réponse au plan régional. L'expérience de décentralisation du trafic voyageurs de la SNCF menée depuis cinq ans a été concluante et ouvre des pistes de réflexion pour l'avenir.

La pertinence de l'échelon régional

L'échelon régional est pertinent sur plusieurs points : en matière de croissance et d'attractivité des territoires, en matière de développement durable et en ce qui concerne l'intégration européenne.

Des recherches récentes dans le secteur de l'économie régionale ont montré en effet que les conséquences de l'offre de transport sur les territoires varient selon les échelles retenues. Une même infrastructure peut accroître le dynamisme régional dans son ensemble mais pénaliser un territoire au niveau infrarégional. On trouve un exemple classique de ces effets pervers dans la multiplication des migrations pendulaires (domicile-travail) dès lors que les accès routiers vers la ville centre s'améliorent : la ville devient plus attractive et les territoires périphériques se muent en un tissu périurbain essentiellement résidentiel. Si les politiques de transports ont des effets distincts à différents niveaux de territoires, elles ont également des effets distincts selon les régions.

Car les logiques d'agglomération ou de dispersion des activités économiques varient selon les caractéristiques régionales, c'est-à-dire selon la proximité des zones de consommation, la qualité et le coût de la main-d'œuvre, le type d'activité économique dominante (production industrielle, services, production à haute valeur technologique) [14]. La construction d'une liaison TGV entre deux grandes villes peut en effet accroître la mobilité des chercheurs et des entreprises très spécialisées entre ces deux points sans nécessairement répondre aux besoins des industries locales.

De plus, la question des transports est intimement liée à celle du développement durable. Rappelons que le secteur des transports est responsable à lui seul de 22 % des émissions de gaz à effet de serre [15]. Le recours massif (et en constante augmentation) au transport routier est également responsable de nombreuses nuisances : pollution, maladies respiratoires, mortalité routière, congestion. Selon une étude réalisée en 1999 [16], la circulation des poids lourds coûterait en France plus de 3 milliards d'euros par an à la collectivité, les contreparties financières acquittées par les transporteurs ne couvrant qu'une partie des charges d'infrastructures qui leur sont imputables, à savoir l'investissement et la maintenance de la voirie.

Enfin, le développement des échanges interrégionaux, que ce soit entre différentes régions françaises ou bien avec d'autres régions européennes, est un moteur de croissance important, notamment dans les zones frontalières. Or le réseau de transport interrégional est peu développé, l'ensemble des infrastructures convergeant vers Paris. L'Arc atlantique notamment mais également toutes les liaisons transversales est-ouest sont insuffisants. Il faut encore 7 h 30 pour relier Lyon à Bordeaux en train alors que Marseille n'est plus qu'à 3 h 30 heures de Paris !

La politique de transport, qui est une partie intégrante du développement économique, doit donc être repensée aux échelles les plus pertinentes.

L'échelon national n'est plus le seul pertinent sur ce dossier et seule une action concertée à la fois au niveau européen et au niveau des bassins d'emploi et d'habitat permettra de trouver des réponses appropriées à ce grave problème. Il apparaît donc essentiel de concevoir les politiques de transport au niveau où se placent les enjeux, c'est-à-dire soit au niveau du bassin d'emploi (ce qui correspondrait aux aires urbaines définies par l'Insee), soit au niveau d'un enjeu spécifique (relief difficile, zones frontalières).

Pour toutes ces raisons, la région apparaît comme un acteur essentiel de la politique des transports, et c'est bien en ce sens que va la réforme actuelle du transport régional SNCF.

Bilan d'une expérimentation réussie 1997-2000

La régionalisation des transports ferroviaires voyageurs est exemplaire d'une démarche de décentralisation réussie.

L'expérience, qui consiste à confier la charge d'exploitation des TER (trains express régionaux) aux régions, a été lancée en 1997 sur six régions pilotes : Alsace, Centre, Nord-Pas-de-Calais, Pays de la Loire, Provence-Alpes-Côte-d'Azur et Rhône-Alpes. Au vu du succès remporté, elle a été étendue depuis le 1er janvier 2002 à toutes les régions métropolitaines, sauf la Corse et l'Île-de-France. Cette réforme concerne principalement trois points : l'exploitation des lignes, la définition des tarifs sociaux et le renouvellement du matériel, pour lesquels des conventions de cinq ans sont dorénavant signées entre la SNCF et les régions.

Le poids économique des TER au plan national est loin d'être négligeable : ils mobilisent 2 milliards d'euros par an et transportent pas moins de 4 millions de voyageurs. L'activité ferroviaire régionale représente plus de 200 millions de déplacements annuels, 5 000 trains et 800 cars par jour, 3 000 gares desservies et 4 200 points d'arrêt routiers. Il s'agit d'une compétence cruciale pour les régions, notamment par son poids financier, qui représente environ 15 % de leur budget de fonctionnement. Les régions vont au-delà de leurs obligations vis-à-vis de l'État : la région Franche-Comté prévoit de compléter à hauteur de 17,5 millions d'euros les 4,6 millions d'euros qu'elle recevra de l'État au titre du financement du matériel roulant. Autre exemple, la région Limousin prévoit de financer hors dotation le projet de TGV pendulaire Poitiers-Toulouse à hauteur de 35 millions d'euros. Les régions augmentent également les contributions d'exploitation : la Franche-Comté versera ainsi 2 millions d'euros de plus que l'État à la SNCF. Conséquence de cette décentralisation, la SNCF prévoit d'atteindre en 2002 l'équilibre financier pour son service régional.

Le bilan est en outre largement positif pour les usagers : la fréquentation des TER a augmenté de

20 % entre 1996 et 2000, 350 rénovations de gares ont été engagées, l'achat de 500 nouveaux autorails est prévu (soit un effort financier des régions de 2,1 milliards d'euros entre 1997 et 2004). La régionalisation a permis le renforcement du dialogue avec les usagers et la SNCF en vue d'améliorer la qualité du service : la région Limousin a ainsi mis en place un conseil local du rail à finalité consultative. Réuni tous les trois mois, il est composé d'usagers, de représentants des départements, des agglomérations, des transporteurs, des syndicats et des chambres de commerce.

Avec 750 trains créés, on a également assisté à des recompositions de desserte, tantôt par le rail, tantôt par des services d'autocars. Des tarifications spéciales ont été mises en place et le principe du management par ligne adopté. Un système de bonus-malus a été mis en place qui prévoit pour le transporteur (la SNCF) une obligation de résultats.

Enfin, la régionalisation a permis l'avènement d'initiatives communes à plusieurs régions, par exemple entre le Centre et Pays de la Loire. Le projet de doublement de l'offre de rames entre Bordeaux et Lyon est également piloté conjointement par les régions Aquitaine, Auvergne, Limousin et Rhône-Alpes.

Faut-il aller plus loin ?

En matière de transports, il faut tenir compte de deux évolutions majeures de nos sociétés : l'inflation du trafic de fret d'une part, le besoin d'une meilleure articulation des transports urbains et des transports interurbains d'autre part.

Le problème majeur est celui du fret, en constante augmentation en raison du développement spectaculaire des échanges depuis une vingtaine d'années. Dans l'Union européenne aujourd'hui, le fret est acheminé à 44 % par la route, 41 % par la navigation maritime, 8 % par le rail et 4 % par les voies fluviales. Chaque année, 2,6 millions de poids lourds franchissent les Alpes, 4,6 millions franchissent les Pyrénées.

On prévoit une augmentation du trafic routier de 37 % d'ici 2010 et son doublement d'ici 2020. Dans la mesure où les régions françaises sont en charge du développement économique et où elles subissent de plein fouet les conséquences d'une telle inflation du trafic, il est probable qu'elles soient tôt ou tard appelées à définir également une politique du fret, en collaboration avec leurs partenaires européens (la Catalogne, la Lombardie, les régions belges...).

Le deuxième point clé concerne l'articulation des transports urbains et des transports interurbains. La saturation des centres-villes est déjà une réalité quotidienne et les déplacements pendulaires représentent un coût important en matière de temps pour les personnes, de pollution et de congestion pour la collectivité. Comme l'habitat périurbain ne cesse de se développer, un effort d'investissement dans les transports collectifs s'annonce nécessaire.

Si l'État reste le mieux habilité à opérer des arbitrages préservant l'intérêt général, il est impératif de reconnaître aux collectivités locales un pouvoir de négociation sur toutes ces questions, avec les administrations centrales comme avec les partenaires européens. Elles pourraient l'exercer d'autant mieux qu'elles seraient appuyées par un conseil des transports locaux, tantôt régional, tantôt intercommunal.

On remarquera que ce pouvoir de négociation des collectivités locales pourrait être reconnu dans la gestion de l'ensemble des services publics en réseau (La Poste, EDF, GDF…).

VIII
Un autre modèle d'action publique

L'exemple des transports montre que la décentralisation peut se traduire rapidement par une amélioration des services publics dans certaines domaines. Peut-on généraliser? Il faudrait revenir sur ce qu'est l'action publique.

À bien y réfléchir, le concept d'action publique mérite que l'on s'attarde sur ses deux termes. Dans la mesure où il s'agit d'une « action » visant tantôt à résoudre des problèmes, tantôt à améliorer des services, tantôt à promouvoir le développement, il n'est pas incongru de la rapprocher d'autres expériences du même type, y compris dans le domaine privé. La conduite des projets, la gestion des ressources et la mobilisation des énergies ne connaissent pas la distinction public/privé. Bien souvent la comparaison entre le management public et le management privé se cantonne à une analyse des coûts et des résultats en oubliant l'essentiel, la manière de conduire l'action. Le parallèle s'arrête là toutefois car l'action « publique » relève d'une autre sphère que celle de l'entreprise : il s'agit d'une action collective visant l'intérêt général. Cela signifie que la finalité de l'action est différente et qu'elle n'a pas vocation à être validée par le marché ou les actionnaires mais par les citoyens.

On peut en tirer deux conclusions : la première tient à la place des citoyens dans les processus de validation des décisions, qu'il faut renforcer ; la seconde à la nécessité de dégager l'action publique des carcans qui l'étouffent pour libérer les initiatives. Comme, par ailleurs, l'expérience prouve que la meilleure façon de procéder n'est pas de faire table rase du passé mais bien plutôt de s'appuyer sur ce qui existe, il est possible de proposer un modèle alternatif de l'action basé sur les établissements publics, proches dans leur fonctionnement des entreprises. Il ne s'agit pas de généraliser cette formule à l'ensemble des services publics, mais là où elle s'avère la plus efficace. Les collectivités locales continueraient à exercer directement de nombreuses compétences.

La France dispose en effet déjà de près de 20 000 établissements publics, qui sont des structures publiques de gestion généralement vouées à l'accomplissement d'une tâche précise (cantine scolaire, gestion d'un bassin fluvial, parc naturel...). Ces structures peuvent fournir la base d'une refonte de l'action publique en France de manière à allier cohérence, transparence et efficacité. Leur principal avantage, outre le fait qu'elles sont déjà largement en place, tient au fait qu'il s'agit de structures *ad hoc* qui peuvent évoluer en même temps que les besoins ou être dissoutes si elles ne sont plus utiles.

L'action publique locale, structurée autour d'un établissement public, reposerait sur trois piliers : la formulation d'un projet, sa validation par un conseil local, le suivi par un médiateur. Cette proposition ne signifie pas un renoncement à la diversité locale et l'imposition d'un modèle unique. Elle cherche à joindre le meilleur de deux mondes, en alliant la recherche de l'intérêt général à un mode de gestion qui a fait ses preuves au sein de l'entreprise, le projet d'établissement (comparable au *business plan*) validé par un conseil d'administration.

Le projet d'établissement

Dès lors qu'un problème spécifique serait identifié, nécessitant une action publique organisée sur la durée, les collectivités locales seraient fondées à créer des établissements publics, sous contrôle du préfet. Les dirigeants de ces établissements publics, qu'on appellerait directeurs généraux, seraient chargés de définir à échéance de quatre ou cinq ans un projet spécifique, avec des objectifs précis de gestion des affaires courantes et d'amélioration des services à la population. Ce projet serait présenté, validé et suivi par un conseil local, de la même manière qu'un chef d'entreprise rend compte de sa gestion et de sa stratégie devant son conseil d'administration. Une fois le projet validé, ces directeurs généraux se verraient attribuer un ensemble de moyens d'action, sous forme d'un budget et de ressources (matériel, personnel) qu'ils auraient l'entière liberté d'utiliser pour mener à bien le projet. On pourrait imaginer dans certains cas d'associer des fonds privés aux ressources d'origine publique (État, collectivités locales).

Cette liberté de gestion des ressources débloquerait l'initiative locale et permettrait d'améliorer la souplesse de la réponse aux imprévus. Elle serait bien évidemment assortie d'un contrôle annuel des comptes par les chambres régionales des comptes, et d'un contrôle de légalité des actions par le préfet.

Le conseil local

À chaque catégorie d'établissements publics seraient affectés des conseils d'administration locaux. Ces conseils seraient soit spécifiques, notamment dans le cadre de questions transversales à plusieurs collectivités (l'action culturelle par exemple, ou la politique des transports au sein d'une agglomération), soit thématiques et organisés au niveau d'une collectivité chef de file. Dans un certain nombre de cas l'échelle la plus pertinente serait la région, mais on peut envisager des conseils à échelle intercommunale ou départementale.

On peut imaginer des conseils éducatifs départementaux par exemple pour les lycées et collèges, des conseils éducatifs régionaux pour les universités le cas échéant et pour la formation professionnelle, des conseils culturels régionaux, un conseil régional des transports, un conseil intercommunal agricole, etc. La liste de ces conseils pourrait être fixée par les conseils régionaux, en accord avec le préfet.

Ces conseils d'établissement seraient renouvelés par moitié tous les deux ou trois ans et seraient composés de représentants de l'ensemble des acteurs concernés par le domaine. Ils réuniraient ainsi des représentants des professionnels, des usagers et des personnels de concert avec des représentants des collectivités locales et des administrations centrales concernées.

Lors d'une séance annuelle ouverte au public, les chefs d'établissement présenteraient leurs projets et feraient le point sur leur action devant le conseil local qui aurait à charge de les valider. Le calendrier des sessions serait fixé en fonction des besoins spécifiques (fin de l'année scolaire pour les conseils éducatifs, fin de l'année légale pour les infrastructures scolaires, etc.) de manière à éviter les chevauchements. La décision serait collégiale, prise à la majorité qualifiée de manière à conserver une place centrale aux élus locaux, et un procès-verbal des débats serait publié.

Ces conseils pourraient également être réunis, soit sur demande de la population, de l'État ou d'une collectivité locale, soit sur demande du médiateur, en cas de circonstances exceptionnelles. Leur finalité est d'instaurer une procédure de suivi en continu des actions publiques et de permettre des décisions concertées entre les élus, les citoyens, les administrations et la société civile.

Les médiateurs

Au fil du temps, les conseils locaux auraient par ailleurs vocation à fournir un espace de dialogue local et à constituer un corps intermédiaire entre les citoyens et les pouvoirs publics.

Afin de remplir ce rôle avec la plus grande objectivité, à chaque conseil serait attaché un médiateur, qui assurerait essentiellement trois fonctions :

– il préparerait les séances du conseil, dont il occuperait les fonctions de permanent. Il pourrait même les présider, cette formule permettant de « dépolitiser » complètement la fonction de président du conseil ;

– il assurerait un rôle de veille, en repérant les bonnes pratiques dans son domaine et en les portant à la connaissance du conseil ;

– il assurerait surtout la diffusion des informations auprès du public (presse, site internet) et ferait remonter les problèmes ou les sollicitations de la population auprès du conseil et des responsables.

Afin de garantir son indépendance vis-à-vis des différents intérêts locaux, il serait rattaché à une branche spécifique de la fonction publique, le corps des médiateurs. Le succès rencontré par la formule du médiateur, par exemple dans le domaine de la justice ou à la télévision, montre que cette formule correspond à une véritable attente des citoyens.

Un modèle d'action publique adapté à une organisation décentralisée

Cette proposition de structuration de l'action publique reprend des initiatives et des structures qui sont déjà souvent en place au niveau local de manière plus ou moins informelle, et qui ont fait leurs preuves. Toutefois les conseils et les médiateurs actuels n'ont généralement en France qu'un rôle consultatif limité.

De plus, quand ils existent, ils sont de création récente. Le fonctionnement des agences de l'eau, pilotées par des conseils ayant un pouvoir de décision, reste ainsi largement opaque. Les conseils de quartier officialisés par la loi sur la démocratie de proximité vont dans le sens de la réforme proposée, mais ils restent consultatifs et surtout ils ne sont pas associés directement à des structures de gestion.

La décentralisation ne permettra pas de refonder les rapports des citoyens et des décideurs locaux, ni de faire progresser l'action publique, sans des dispositifs citoyens à finalité décisionnelle, coopérative ou coordinatrice.

Pour étendre la responsabilité et promouvoir la diversité avec succès, il faut tisser des liens entre les acteurs et assurer la cohésion des politiques menées. L'exemple belge est révélateur: à la suite des importantes réformes de 1993, sont nés au niveau national des comités de concertation entre l'État fédéral, les régions et les communautés, mais aussi des conférences interministérielles pour harmoniser les actions entreprises dans chaque domaine, et une cour d'arbitrage pour trancher les conflits de compétence entre les différents pouvoirs. Au niveau territorial il existe des comités permanents qui harmonisent la position des pouvoirs locaux notamment en relation avec l'Union européenne et en matière de prévision économique. La liste n'est pas exhaustive...

Si elle se faisait, la généralisation de cette structure ternaire de l'action publique ne compliquerait pas forcément le paysage administratif. En effet, rappelons que de nombreux établissements publics existent déjà et que cette réforme se ferait dans le sillage du toilet-tage des niveaux administratifs, consacrant le rôle de chef de file d'une collectivité territoriale pour une compétence donnée, ainsi que la place prééminente de l'espace régional.

IX
Deux domaines prioritaires :
l'éducation et la santé

L'objectif ici n'est bien sûr pas de proposer des solutions toutes faites, mais de tracer à grands traits les possibilités ouvertes par la décentralisation dans deux domaines cruciaux aux yeux des Français : l'éducation et la santé. Ces propositions reprennent d'ailleurs bien souvent des initiatives qui ont déjà été expérimentées au plan local par certains acteurs : elles visent avant tout à répondre à des problèmes concrets par des solutions de bon sens. Rappelons enfin que le transfert de compétences n'est pas en soi la panacée. Dans certains cas, et afin d'assurer une meilleure cohérence des politiques, il est légitime de donner l'entière responsabilité de la mission à une collectivité qui l'exerce déjà partiellement. C'est sans doute là que les transferts seront les plus massifs. Dans d'autres cas, il s'agit d'officialiser et d'étendre un partenariat déjà en place. Enfin, dans d'autres domaines, il faudra prendre le temps de défricher le terrain et de nouer des liens.

L'éducation

La décentralisation de l'éducation n'est pas une subite lubie française : elle correspond à un mouvement général qui touche l'ensemble des pays de l'Union européenne depuis une vingtaine d'années. Partout deux objectifs sont mis en avant : assurer une meilleure gestion d'une part, développer la participation de l'ensemble des intéressés au processus de décision d'autre part. La décentralisation éducative a notamment été assez poussée en Belgique, en Espagne, en Italie : elle s'est traduite par une plus grande autonomie des établissements en matière de financement ou de gestion des biens et des services de fonctionnement, et par l'apparition d'organes de décisions collégiales [17]. En revanche en Allemagne, où l'éducation est entièrement gérée par les *Länder*, le débat porte sur l'opportunité d'une recentralisation de l'éducation : les mauvais résultats obtenus par les élèves allemands dans les classements européens et les disparités des diplômes sont vivement critiqués.

Il est clair, et l'exemple allemand est instructif à cet égard, que l'éducation n'a pas vocation à être transférée d'un bloc et dans son intégralité aux collectivités locales. En revanche la place des collectivités locales dans le processus éducatif proprement dit, en dehors de la gestion des bâtiments, reste trop faible en France : elle se réduit souvent à des mesures périphériques telles que l'achat des manuels ou l'organisation des activités périscolaires.

Que peuvent apporter les collectivités locales ?

La réponse tient en trois temps : simplifier la prise en charge des infrastructures, introduire de la souplesse dans la gestion du quotidien, valoriser l'offre de formation.

Le transfert de la gestion des bâtiments des collèges aux départements et des lycées aux régions lors des premières lois de décentralisation a été un succès. D'importants investissements ont été réalisés pour améliorer le cadre de vie et de travail de milliers d'élèves. La maîtrise technique est désormais bien rodée.

Mais le partage établi entre le collège et le lycée n'est pas forcément la meilleure solution de gestion quand on sait que de nombreux établissements regroupent les élèves de la sixième à la terminale. Ne serait-il pas mieux approprié de regrouper la gestion de l'ensemble des biens et moyens de fonctionnement pour la filière éducative sous l'égide d'une même collectivité ? Celle-ci prendrait alors en charge les investissements immobiliers, l'entretien des bâtiments, l'achat de matériel et la gestion des personnels non enseignants. Certains crieront à une recentralisation rampante : notons que la collectivité locale en charge peut déléguer la gestion des dépenses de niveau inférieur concernant le petit matériel ou les travaux d'entretien légers aux établissements d'enseignement eux-mêmes : c'est le cas dans presque tous les pays européens (Belgique, Allemagne, Espagne, Italie, Irlande, Royaume-Uni...). Autre possibilité, une délégation plus large au département ou à la collectivité d'agglomération. Les élus des différents niveaux conserveraient tout leur rôle au sein des conseils éducatifs locaux respectivement du primaire, du collège et du lycée. Il n'est pas interdit d'imaginer que cette solution s'applique également aux universités : plus encore que l'école, celles-ci sont à la croisée de nombreux enjeux locaux, notamment la formation professionnelle et la recherche. Le fait de regrouper tout ce qui relève du fonctionnement quotidien hors enseignement sous l'égide de la région permettrait de réaliser de subséquentes économies d'échelle (via l'achat groupé de matériel, par exemple) et ouvrirait aux personnels non enseignants, qu'ils soient fonctionnaires ou non, plus de perspectives de mobilité.

La décentralisation permettrait également d'introduire plus de souplesse et de réactivité dans l'offre d'éducation. Les établissements scolaires sont en effet souvent confrontés à des besoins urgents (comme remplacer des enseignants malades) ou ponctuels (organiser des stages, des formations courtes). Devoir passer par les échelons centraux est une source de retards et de dysfonctionnements importants sur ces questions. Pour organiser une initiation à l'anglais de quelques heures au primaire, ne peut-on recruter localement un anglophone sous forme de contrat temporaire, plutôt que d'imposer cette charge à des instituteurs qui ne sont pas nécessairement à l'aise dans la langue de Shakespeare ? Les demandes plus rares (comme les langues régionales, l'arabe ou le chinois, certains enseignements artistiques, certains sports) ne peuvent être exaucées au niveau de l'établissement car il faut un quota minimum d'élèves. Mais il serait possible de mutualiser l'offre sur plusieurs établissements. Les collectivités locales ont un rôle à jouer par rapport à ces initiatives spécifiques : mettre en place des maisons des langues [18] avec des enseignants à demeure, disposer d'un volet de remplaçants, aider à généraliser la pratique des stages en entreprise, multiplier les initiatives périscolaires en « école ouverte », etc. Cela peut se faire en collaboration et avec l'aval des conseils éducatifs.

On pourrait franchir une étape supplémentaire, en prenant acte de la déconcentration actuelle du « mouvement » des enseignants (la gestion de leurs mutations) au niveau du rectorat. Les collectivités locales, et notamment la région, devraient pouvoir collaborer à la réflexion sur les besoins éducatifs territoriaux et à l'orientation générale des politiques de recrutement. Elles pourraient, dans cet esprit, être associées à la gestion des effectifs enseignants. Ce serait sûrement le moyen le plus efficace pour adapter l'offre à la demande d'éducation en fonction des contingences locales, sans passer par Paris. Voilà un enjeu majeur à soumettre à débat très loyalement avec les personnels et leurs représentants.

Enfin, la formation professionnelle, initiale et continue, pourrait être systématiquement confiée dans son intégralité à la collectivité locale en charge des politiques de développement économique, à savoir le plus souvent la région. Cela permettrait de développer des passerelles dans un système éducatif très cloisonné. Il serait ainsi possible de généraliser la pratique du stage découverte où les lycéens vont en immersion pendant une semaine dans une entreprise.

Inversement des professionnels pourraient être systématiquement invités à présenter leurs métiers au lycée ou à l'université, lors de journées-rencontres. Il y a pléthore d'information pour les jeunes Français sur les filières d'étude et sur les diplômes, mais peu sur les métiers effectifs : n'est-ce pas absurde ? La convergence des politiques de formation professionnelle et de développement économique serait aussi l'occasion de développer les partenariats entre entreprises et universités.

L'intérêt du projet d'établissement et du conseil éducatif

La mise en place des projets d'établissement validés par le consei éducatif permettrait à l'école de répondre aux interrogations des parents : la publication du projet, articulant un volet « gestion » et un volet « pédagogie », donnerait ainsi une visibilité et une cohérence aux contraintes budgétaires et au travail d'équipe des enseignants. Cela permettrait également à la population de mieux prendre conscience du rôle social et sanitaire rempli actuellement par l'école, au travers du travail accompli par les personnels d'encadrement, les infirmières, les conseillers pédagogiques, les assistantes sociales.

Enfin, la pérennisation et l'officialisation des conseils éducatifs faciliteraient la concertation entre des acteurs qui parfois s'ignorent ou se méfient les uns des autres, parents contre professeurs, syndicats contre élus ! L'école n'est pas seulement le lieu où sont dispensées des connaissances, c'est avant tout la première expérience de la société qu'ont nos enfants, sous toutes ses facettes : c'est la plus républicaine de nos institutions car elle est le lieu de la confrontation à l'autre et de l'apprentissage de la vie en société. Apprendre à devenir citoyen se fera d'autant mieux que l'organisation même de l'école reflètera le souci de l'intérêt général, la recherche de réponses concertées et le choix de solutions adaptées.

La part de l'État

La décentralisation n'implique en rien le démantèlement des administrations aujourd'hui en place. Le rectorat continuerait d'assurer le suivi des affaires administratives (personnel enseignant, directives du ministère, organisation des concours et examens...) déléguées par le ministère.

Au niveau central, le ministère de l'Éducation continuerait d'assurer le fondement de l'égalité républicaine à l'école : c'est-à-dire qu'il serait le seul habilité à définir les programmes qui s'appliquent sur l'ensemble du territoire national. C'est encore au niveau central que revient la charge d'organiser la formation et le recrutement au sein de la fonction publique des personnels enseignants, pour assurer au mieux l'égalité d'enseignement. C'est enfin aux administrations centrales que doit revenir la charge de la mise en place des contrôles, c'est-à-dire des inspections et des audits. Repenser les rapports entre l'État, l'éducation et le citoyen impliquera à l'évidence une étroite concertation avec l'ensemble des personnels concernés et notamment les enseignants.

La santé

Le système français de soins est unanimement reconnu comme l'un des meilleurs au monde. Il est toutefois victime de son succès: des tensions de plus en plus importantes au niveau de l'offre de soins se révèlent depuis quelques années (manque de personnel, manque de lits, infrastructures vieillissantes). Parallèlement les comportements de la population ont évolué et on voit apparaître une nouvelle demande médicale, axée sur la prestation de services de qualité dans un temps court et sous la forme la plus complète possible.

Que peuvent apporter les collectivités locales?

La réponse, si on cherche une solution de bon sens, tient en deux points: prise en charge des infrastructures et réflexion prospective.

La compétence de gestion des infrastructures (bâtiments, matériels, personnels administratifs et d'entretien) n'est pas si différente dans les domaines de l'éducation et de la santé. Là encore, il est cohérent que cette responsabilité incombe à la collectivité de rang supérieur. Les collectivités locales pourraient ainsi assurer la construction et l'entretien des bâtiments hospitaliers et la gestion du personnel non soignant. Leur connaissance du terrain et leur expertise en matière d'aménagement du territoire en font des partenaires privilégiés pour les décisions stratégiques d'implantation des structures. Elles s'y sont déjà parfois engagées: ainsi la région Languedoc-Roussillon a financé la construction d'un hôpital universitaire à Montpellier, par exemple. Notons que le Nord-Pas-de-Calais et les Pays de la Loire se sont portés volontaires à une décentralisation plus poussée en matière de santé.

Il y a un réel besoin aujourd'hui de prospective territoriale en matière de santé : car si une personne est en droit d'attendre d'être bien soignée en tous lieux, les besoins médicaux ne sont pas les mêmes d'un territoire à l'autre. En attestent le retentissement sur la demande médicale des migrations des retraités vers le soleil ou les besoins spécifiques des zones périurbaines, qui comptent plus d'enfants mais peu d'adultes présents en journée. En zone rurale, les conditions d'exercice de la médecine se font de plus en plus difficiles : constituons des « pools » locaux de médecins, de manière à répartir les déplacements et les astreintes ! La bonne connaissance du terrain qu'ont les collectivités locales permet de mieux anticiper l'évolution des besoins médicaux et en fait donc des interlocuteurs privilégiés des acteurs médicaux. Elles pourraient ainsi être associées aux futures Agences régionales de la santé pour réaliser ce travail de prospective et de planification.

Enfin, le secteur de la santé est également un secteur économique : il n'est pas illégitime qu'une région tente de favoriser la recherche pour aider à la formation d'un pôle d'excellence médicale dans tel ou tel domaine. Rappelons que les hôpitaux dans le système actuel ont souvent une spécialité reconnue (grands brûlés, affections des yeux, services de cancérologie, etc.) et qu'ils n'offrent pas tous la même palette de soins et de spécialistes. De plus, l'offre médicale globale n'est pas toujours à la hauteur des besoins : il y a un manque de personnel criant dans certaines régions. Les collectivités locales peuvent proposer des aides à l'installation des praticiens et des personnels soignants.

L'intérêt du conseil local de la santé

Le nombre des acteurs impliqués dans le domaine de la santé est encore plus grand que pour l'éducation : citons pêle-mêle le secteur hospitalier public, le secteur hospitalier privé, les professions libérales, les services d'urgence (Samu, pompiers), les services sociaux, la sécurité sociale, les malades, les aides-soignants, les pharmacies...

Il est donc particulièrement nécessaire, pour assurer la qualité et la cohérence des soins, qu'existe une instance de dialogue, de concertation et de décision commune que la population puisse facilement identifier, le conseil local de santé.

Les conseils locaux de santé pourraient en outre avoir un rôle crucial pour identifier et régler certains problèmes spécifiques. Prenons la crise avérée des urgences. La construction et la mise en service de centres de santé locaux permettraient de désengorger les urgences hospitalières.

Ces centres, moyennant un paiement forfaitaire équivalent à une consultation de base, dispenseraient les soins de base et orienteraient les personnes vers les services appropriés. Ils présenteraient l'avantage d'être ouverts dans des créneaux horaires adaptés aux contraintes de la population, c'est-à-dire le soir ou le matin tôt. Seuls les patients référés sur décision professionnelle (Samu, pompiers, gendarmerie, police, médecins traitants, centres de santé) iraient donc aux urgences. Prenons un autre exemple : les migrations saisonnières, particulièrement sensibles dans les zones touristiques, entraînent une surcharge de travail et parfois une congestion des urgences locales. On peut imaginer qu'en concertation avec le conseil local de santé, les collectivités locales recrutent des équipes temporaires pour la saison et mettent à disposition de la population des locaux publics de manière à gérer les actes courants tels que les allergies, les insolations, les foulures, etc.

Pour toutes ces raisons, la réorientation vers une gestion en partie localisée, en adoptant la structure ternaire « projet d'établissement – conseil santé – médiateur », semble la formule la mieux adaptée aux besoins du système de santé. Le médiateur notamment pourrait avoir un rôle crucial en matière de pédagogie des comportements médicaux et d'organisation des campagnes de prévention.

X
D'autres pistes à explorer :
sécurité, emploi, cadre de vie

Parce qu'il s'agit de domaines prioritaires aux yeux des Français, l'éducation et la santé méritaient que l'on s'y attarde. Dans une perspective de long terme toutefois, on peut également envisager de décentraliser dans plusieurs autres domaines clés : la sécurité, l'emploi, le cadre de vie. Cette démarche suppose à chaque fois de tenter d'identifier ce qui relève d'une logique nationale et ce qui relève d'une logique locale, afin de proposer une décentralisation cohérente et pertinente. Là encore, nous nous sommes appuyés sur de nombreuses initiatives déjà existantes, en France comme à l'étranger, pour tenter d'en extraire des propositions pertinentes eu égard aux enjeux.

La sécurité

Qu'il y ait une demande accrue de sécurité de la part des citoyens est indéniable. Or, cela implique de concevoir des actions à la fois au niveau national et au niveau local. Au plan national, la définition d'un cadre d'action plus efficace des forces de police et de gendarmerie est nécessaire. Ceux qui risquent leur propre vie dans la protection de la vie des autres méritent plus de considération et de confiance. La loi est là pour préciser leurs droits et devoirs. Au niveau local, plusieurs mesures récemment mises en place ont été conçues en fonction et à partir des territoires : la création des conseils locaux de sécurité par exemple ou celle des groupements d'intervention régionaux. Là encore, il faut prendre le temps de réfléchir à la meilleure répartition des tâches entre les instances locales et les instances nationales.

Plus sans doute que tout autre sujet, la sécurité invite à l'amalgame et à la passion. Mais elle touche à des comportements et des délits de nature très différente : quoi de commun entre un crime passionnel, la dégradation régulière des arrêts de bus ou des cabines téléphoniques, les réseaux de trafiquants en tous genres, le vol de portables dans la rue ou le cambriolage des banques ? Rien, justement. Chaque territoire est confronté à une donne particulière, née de l'histoire du lieu, des tensions qui s'y jouent, des perspectives de ses habitants. Il doit donc y avoir une réponse adaptée à la demande des habitants, dans le respect de l'égalité des personnes et de la légalité. L'insécurité appelle surtout une réponse structurée et qui s'inscrive dans le temps : la réponse des forces de police est par définition ciblée au cas par cas, intervenant au rythme des crises et des événements.

Les collectivités locales ont en revanche un rôle irremplaçable en matière de diagnostic, de dialogue et de réactivité, susceptible d'éclairer l'action des forces de police.

Accompagner l'action des services de police et de justice

Le maintien de l'ordre public implique, bien sûr, la répression des délits proprement dits et la traque des réseaux. Toute infraction à la règle doit être sanctionnée à juste proportion. Mais il inclut également l'ordre sur la voie publique, à savoir les incivilités auxquelles la population apparaît de plus en plus sensible. Il s'agit là de domaines distincts : l'un relève de la logique pénale, l'autre relève plutôt de la construction d'un « espace public » vivable pour tous. Les maires, qui sont à la fois les élus de la population et les représentants de l'État, sont donc pleinement dans leur rôle quand il s'agit de lutter contre les incivilités, c'est-à-dire de revivifier l'espace public. Ils ont déjà un certain nombre de compétences qui œuvrent indirectement à l'ordre public : par exemple, le maintien et l'éclairage des lieux publics, et les politiques d'urbanisme, c'est-à-dire d'occupation des sols, de transport et d'infrastructures collectives. Il serait légitime qu'ils puissent rédiger un cahier des charges des besoins locaux, transmis aux forces de police de manière à ce que l'action de ces derniers soit la plus pertinente possible.

Les maires pourraient également avoir des compétences directes : confions-leur la supervision des peines de substitution à la prison, c'est-à-dire les travaux d'intérêt public, la réparation des dégâts, le pardon aux victimes. Il faut en effet briser à la fois le sentiment d'impunité des contrevenants et l'abstraction de la procédure : contraindre les petits délinquants à réparer les infractions commises au sein et au vu de la communauté où ils habitent est une démarche qui les engage personnellement et les réinscrit dans la communauté locale. Elle est bien plus efficace que l'engorgement des prisons. Cette forme de réponse publique à l'incivilité peut intervenir rapidement après les faits, ce qui est préférable à la fois pour les victimes et les contrevenants. Les maires appliqueraient ainsi les sentences formulées par des juges spécialisés.

Agir au niveau de la communauté des citoyens

Les élus n'ont pas à intervenir directement dans la réponse pénale ou policière proprement dite : en faire des « shérifs » serait la porte ouverte à toutes les dérives. En revanche, ils doivent intervenir en amont et en aval des événements. L'accueil et l'assistance des victimes font ainsi partie des grands absents du système actuel : il s'agit d'une question par essence locale (des expériences sont déjà en cours au sein de la politique de la ville, notamment à Valenciennes). On peut imaginer de créer des cellules d'accompagnement des victimes qui leur fourniraient une assistance juridique, médicale, sociale et psychologique. Organisées à un niveau intermédiaire (département ou intercommunalité), et dotées d'un numéro vert, elles faciliteraient les démarches et inverseraient la logique usuelle de l'administration : leurs personnels se déplaceraient pour rencontrer les victimes. Les dispositifs de réinsertion des condamnés ayant purgé leur peine sont également aujourd'hui trop schématiques (voire squelettiques !) : là aussi les collectivités locales ont un rôle à jouer.

De manière à éviter les passions et les heurts locaux, la collectivité chef de file serait ici la région.

Réagir face à l'urgence

Une série d'événements dramatiques – les attentats à New York, l'explosion de l'usine AZF à Toulouse, les grandes tempêtes de 1999 ou les inondations à l'est de l'Europe – ont récemment démontré le rôle crucial que jouaient les élus locaux en cas de crise ou de catastrophe majeure. Leur connaissance du terrain en fait des acteurs irremplaçables, dans un premier temps pour articuler les secours, dans un second temps pour organiser la reconstruction. Mais ni eux ni les équipes des fonctionnaires territoriaux ne sont formés à ce type d'événements ; ils devront par ailleurs continuer à assurer les services usuels à la population dans le sillage immédiat de la catastrophe.

Le bon sens voudrait que l'on décentralise et que l'on professionnalise l'anticipation et la gestion des crises majeures, dont on peut s'attendre malheureusement à ce qu'elles soient de plus en plus fréquentes. Décentraliser c'est reconnaître que la personne légitime pour piloter la réponse à la crise est l'élu local à la tête de l'échelon territorial touché par la crise (la commune, l'agglomération, la région… suivant les cas), et non le préfet. Professionnaliser, c'est créer au niveau national une *task-force* de spécialistes en matière d'organisation logistique, de sécurité et d'accompagnement des populations et de gestion des conséquences sanitaires.

Cette *task-force* serait conçue de manière à être immédiatement mobilisée sur tout le territoire en cas d'événement majeur; le reste du temps, elle jouerait également un rôle de conseil et de prospective auprès des élus. Améliorer la gestion du risque implique également une réflexion sur l'organisation des services d'incendie et de secours (SDIS), qui doivent relever d'une seule autorité locale.

L'emploi

En vérité, la politique de l'emploi comporte plusieurs volets qui ont un fort ancrage local: la formation professionnelle, initiale ou continue, le développement économique, l'assistance aux chômeurs et la réinsertion. Le fait même que les économistes reconnaissent aujourd'hui la pertinence du concept d'économie régionale nous incite à revoir les politiques de l'emploi en y intégrant une dimension territoriale. Cela suppose d'élargir les compétences des collectivités dans ce domaine. D'autant plus qu'il y a d'importantes carences en la matière : 50 % des actifs ne bénéficient aujourd'hui en France d'aucune formation professionnelle au cours de leur vie !

Les collectivités locales sont en avance par rapport à la décentralisation dans la mesure où elles ont déjà pris de nombreuses initiatives. Les élus locaux sont en première ligne pour attirer les implantations d'entreprises, comme Toyota à Valenciennes, ou pour accompagner les plans sociaux, comme à Soissons. Certaines collectivités ont créé des « pépinières d'entreprise » en favorisant le rapprochement de la recherche et des jeunes entrepreneurs et en mettant à leur disposition des locaux équipés. D'autres ont mis sur pied des maisons locales de l'emploi qui centralisent les offres et facilitent les démarches. De nombreuses régions demandent actuellement à être chef de file du développement économique et à exercer l'essentiel des responsabilités encore assumées dans ce domaine par les services déconcentrés de l'État.

Plusieurs de nos partenaires européens vont plus loin et organisent leur politique de l'emploi au niveau local. Au Danemark, la gestion du chômage et des prestations sociales est assurée par les collectivités locales. La région espagnole de Navarre dispose, contrairement aux autres régions espagnoles, de la pleine compétence en matière d'emploi : cela signifie concrètement qu'elle gère un équivalent régional de notre ANPE, et qu'elle a pris en main la lutte contre la précarité et les accidents du travail.

On peut donc imaginer à terme que les collectivités locales qui correspondent le mieux aux bassins d'emploi (tantôt la région, tantôt l'agglomération) soient en charge de l'intégralité de l'application des orientations nationales de la politique de l'emploi, selon des modalités spécifiques à chaque situation locale et en association avec la communauté des entrepreneurs locaux. Un transfert des services déconcentrés de l'État à la région serait utile.

Le cadre de vie

Enfin, s'il est un domaine où l'action des collectivités locales est par nature légitime, c'est celui du cadre de vie, c'est-à-dire notamment du logement et de l'environnement. Les collectivités locales ont pour vocation première de construire et de gérer le cadre de vie de nos concitoyens. Si l'État doit fixer les grandes orientations, s'appuyant sur le travail de la Datar, la gestion quotidienne du cadre de vie est du ressort des collectivités locales.

Le logement est une question locale

Pourtant le logement reste curieusement une compétence nationale en France : cela s'expliquait dans le contexte de l'après-guerre, où il fallait reconstruire dans les délais les plus brefs un très grand nombre de logements plus ou moins standardisés, car correspondant à une population assez homogène. Mais les conditions ont radicalement changé et notamment la demande de logements qui est beaucoup plus hétérogène : aux tensions entre communautés s'ajoutent l'insuffisance d'offre pour les étudiants et la flambée des prix de l'immobilier qui rend les logements de centre-ville inaccessibles à de nombreuses familles.

La plus grande mobilité des Français accroît également les tensions du marché. Ou plutôt des micromarchés du logement car il est clair que la situation locale est déterminante, à l'échelle du quartier, parfois même de la rue.

La décentralisation de la politique de logement est donc légitime, en raison de la nature très localisée du marché et dans la mesure où les collectivités gèrent déjà de nombreuses compétences en lien direct avec le logement, comme les plans d'occupation des sols ou les zones d'aménagement concerté. Elle est d'autant plus légitime que les décisions en matière de logement ont des conséquences très lourdes sur les dépenses d'infrastructures et les services publics au niveau des collectivités locales.

Une première piste concrète d'intervention serait la mise en place d'observatoires locaux du logement, implantés à l'échelle tantôt de la région, tantôt de l'agglomération : ils fourniraient des informations détaillées sur l'évolution des besoins et permettraient d'adapter l'offre.

La logique voudrait à terme que l'ensemble des dispositifs en matière de logement (aides à la personne, aides à la pierre, aides fiscales) soient confiés à la collectivité pertinente, selon les cas, région, département ou agglomération. L'État aurait pour charge de définir les normes des bâtiments (de construction et d'implantation) et de fixer des objectifs de solidarité nationale (plafonnement des loyers sociaux, mixité sociale, péréquation).

Le préfet de région et un corps d'inspecteurs du logement seraient chargés de superviser les initiatives locales de manière à ce qu'elles respectent la loi, en particulier la non-discrimination, et les orientations nationales.

Globale et locale : la question de l'environnement

L'environnement est un domaine d'action particulier dans la mesure où il y est essentiel d'intégrer des choix de politiques publiques dans une vision globale et transversale (entre collectivités de même niveau et entre collectivités de niveaux différents). De nombreux domaines d'intervention sont en effet mobilisés dès qu'il s'agit d'environnement : la politique de la ville, les plans de transport, les activités agricoles, le développement industriel, les actions éducatives, la recherche, etc.

La majorité des normes sont désormais fixées au niveau européen : leur application exige généralement un gros effort technique et financier des collectivités locales. Celles-ci seraient donc fondées à se voir reconnaître comme des interlocuteurs légitimes de Bruxelles.

De plus, les enjeux environnementaux diffèrent profondément d'un lieu à l'autre : la Bretagne est confrontée à un problème important de pollution des eaux, l'Île-de-France à un degré de pollution automobile préoccupant. C'est donc au niveau local que les priorités doivent être fixées, ce qui suppose bien sûr une concertation et un dialogue approfondi avec les citoyens et la société civile. La mise en place des conseils locaux d'environnement apparaît particulièrement appropriée. Les représentants des associations de protection de la nature pourront y faire entendre leur voix.

Cessons d'opposer les protecteurs de la nature et les élus locaux « bétonneurs » ! L'époque des constructions massives et désordonnées où, reconnaissons-le, l'État a pris une part active avec les fameux modèles de bâtiments industrialisés, qu'il s'agisse des collèges, des gymnases ou des barres de logements sociaux, est derrière nous.

Aujourd'hui la pression de l'opinion publique est favorable à la défense de l'environnement : la protection des équilibres écologiques de la planète est ressentie comme une priorité par une grande majorité des citoyens, en particulier des jeunes. C'est en responsabilisant chacun localement qu'on fera prendre conscience de la nécessité d'un nouveau comportement individuel : la protection de l'environnement est bien l'affaire de tous, depuis les détritus abandonnés dans les forêts jusqu'aux déjections canines dans les villes.

Les collectivités locales peuvent donner l'impulsion : de nombreuses initiatives sont d'ores et déjà en place et les résultats suivent. Voici un cas exemplaire : le conseil régional d'Alsace a appuyé une démarche intelligente de recyclage des pneus usagés. Tout repose sur l'invention d'un procédé technique qui permet de fabriquer des revêtements de sol innovants en fondant les vieux pneus avec du ciment. Les garagistes stockent les pneus laissés par les automobilistes, les envoient à une cimenterie et celle-ci les recycle et vend le produit fini. Cette initiative est exemplaire dans la mesure où elle montre combien le partenariat entre les entreprises, les collectivités locales et les citoyens est fructueux. Ce type d'action serait appelé à se multiplier si les collectivités étaient clairement reconnues comme des chefs de file de la politique de développement local et de protection de l'environnement.

Les différentes propositions ici esquissées pourront bien sûr être complétées ou affinées, et d'autres domaines abordés. Ainsi dans le domaine culturel, beaucoup peut encore être utilement transféré aux collectivités locales : la gestion des musées par exemple, y compris les politiques d'achat d'œuvres d'art, ou les directions régionales de l'action culturelle qui, contrairement à leur nom, sont des administrations d'État. L'État devrait plutôt se concentrer sur la promotion de la culture française dans le monde et les grands équipements...

Dans un autre domaine, celui des relations extérieures, la coopération décentralisée pourrait être mise à l'honneur. Les régions françaises ne pourraient-elles pas devenir aussi facilement identifiables à l'étranger et attractives que la Catalogne, la Lombardie, la Flandre ou la Rhénanie ? L'image de la France dans le monde en ressortira renforcée, car enrichie.

XI
Comment financer l'action décentralisée ?

La réforme des finances locales a été la grande oubliée des années quatre-vingt, un retard qui explique au moins en partie la difficulté de l'exercice. Les quatre piliers de la fiscalité locale (taxe d'habitation, taxe sur le foncier bâti, taxe sur le foncier non bâti et taxe professionnelle) ne sont-ils pas appelés couramment les « quatre vieilles » ? Certes il y a eu des aménagements, de nombreux aménagements même, mais pas de refonte du cadre d'ensemble ni de mise à jour conséquente des bases d'impositions. La complexité du système est actuellement telle que le citoyen peine à s'y retrouver et à identifier les interlocuteurs.

En effet, le cadre théorique de la fiscalité locale est devenu largement fictif, en raison des dégrèvements mis en place par l'État : le montant de l'ensemble des ressources fiscales locales est de 66 milliards d'euros sur 124 milliards de ressources courantes, mais elles passent à 55 milliards, soit moins de la moitié, si on retire les 11 milliards d'euros de dégrèvements acquittés par l'État et non par le contribuable local. De plus, l'empilement des taux ajoute à l'opacité du système : par exemple la taxe sur la foncier bâti est, comme les trois autres « vieilles » taxes locales, un composite de prélèvements effectués par tous les niveaux de collectivité, communes, départements, intercommunalités, régions. Comment le contribuable peut-il alors juger du bien-fondé des prélèvements effectués ? Là encore, la refonte des finances locales n'est pas seulement une question d'efficacité, ni même de justice mais aussi de démocratie. Il ne saurait en effet y avoir de « pacte fiscal » entre les contributeurs et ceux qui lèvent l'impôt dans un système devenu entièrement opaque à force d'enchevêtrements.

La réforme semble donc devoir être contrainte à l'audace mais le contexte lui est défavorable. L'État et les collectivités locales sont en effet engagés dans un conflit d'intérêt financier, chacun souhaitant repousser sur l'autre la charge de la fiscalité pour se préserver de son impopularité. De plus, ce type de conflit risque de s'exacerber en cas de croissance médiocre, sans parler des tensions qui surgiront en cas de récession.

Dans un contexte tendu et devant l'ampleur des besoins, il apparaît qu'une réforme des finances locales ne pourra se contenter d'œuvrer à la marge : seul le fait de repartir sur des règles du jeu entièrement nouvelles pourra remporter l'adhésion des différents acteurs.

Trois points en particulier suscitent la discussion : la nature et le poids des dotations, l'efficacité respective des différentes formes de fiscalité, l'évaluation du coût de l'action publique. En effet, si leurs ressources dépendent principalement de dotations d'État, assorties de contraintes strictes quant à l'affectation de ces sommes, les collectivités locales ont peu de marges de manœuvre pour leur action publique.

Inversement, si tout le système repose sur une fiscalité levée localement, la porte est ouverte à une augmentation certaine des inégalités sociales et économiques. Il faudra inventer une voie médiane et donc procéder à des arbitrages qui soient légitimes aux yeux de la population.

Pour réussir, une réforme d'ampleur des finances locales devra être en cohérence avec les deux principes fondateurs de la décentralisation, responsabilité et différenciation.

L'exigence de responsabilité suppose une fiscalité claire, facilement lisible : cela passe par l'existence d'un pouvoir fiscal spécifique. Les élus rendront ainsi compte de leurs choix fiscaux directement devant les contribuables, à savoir les particuliers et les entreprises.

L'exigence de différenciation sera remplie si les collectivités locales disposent d'une marge de manœuvre dans la fixation des taux d'imposition, dans des conditions fixées par la loi. La responsabilité des élus servira de garde-fou aux dérives fiscales, tandis que la différenciation des taux permettra aux citoyens de juger du bien-fondé des politiques menées.

Autonomie et péréquation sont indissociables

La question de l'autonomie financière des collectivités locales part d'un principe simple, à savoir la capacité de pouvoir agir sur son niveau de ressources et de pouvoir arbitrer entre ses dépenses. Mais elle a un coût, à savoir un accroissement possible des inégalités fiscales entre les territoires. C'est pourquoi il est crucial d'allier l'autonomie financière à des mécanismes de redistribution.

Plus d'autonomie…

Si le principe de l'autonomie est simple, sa mise en œuvre est d'une grande complexité dès que l'on entre dans les détails, notamment parce que l'autonomie fiscale ne peut être mesurée uniquement par le poids du produit fiscal dans les ressources, c'est-à-dire le montant de l'impôt prélevé localement. Il faut aussi s'intéresser à la marge de manœuvre des collectivités, c'est-à-dire leur capacité à faire varier les prélèvements. Entrent en compte également des aspects plus qualitatifs de la gestion financière comme la faculté d'emprunter, la pluriannualisation des ressources, la libre utilisation de la trésorerie…

Les collectivités disposent d'une certaine liberté (encadrée par la loi) dans la fixation des taux d'imposition locaux. Mais il n'y a pas actuellement de pilotage macroéconomique des finances publiques : ni sur le niveau de la dette, ni sur celui des déficits ou des prélèvements obligatoires. Il serait utile de pouvoir organiser les relations financières entre l'État et les collectivités locales dans le cadre d'un pilotage conjoint des impôts. On peut imaginer d'organiser des négociations annuelles de l'État avec les acteurs locaux, présentées devant le Parlement et donnant la référence sur l'équilibre « fiscalité/dotations » au sein des ressources locales. Les importants transferts de compétences qui sont annoncés doivent en effet être assortis de transferts de ressources suffisants (allant sans doute à terme jusqu'à 45 milliards d'euros): il est donc fondamental d'opérer un suivi du cadre global des finances locales dans les prochaines années.

Mais la première étape d'un accroissement de l'autonomie financière des collectivités locales consiste à identifier clairement les acteurs fiscaux, pour que le citoyen puisse s'y retrouver. C'est tout le sens du débat sur la spécialisation fiscale.

Un pouvoir fiscal unique sur chaque impôt

Spécialiser les impôts par niveau de collectivité, et le porter clairement sur la feuille d'imposition du contribuable, permettrait de simplifier un système particulièrement illisible et d'expliciter les responsabilités. La spécialisation consiste à n'accorder la faculté de voter un taux et de modifier les bases pour un impôt donné qu'à une collectivité et une seule. En revanche, une collectivité donnée peut tout à fait bénéficier de plusieurs impôts.

Cette spécialisation du système fiscal local pourrait s'appliquer soit sur chacun des niveaux actuels (régions, départements, communes, intercommunalité), soit sur deux niveaux pilotes (régions et intercommunalité), ce qui ne remettrait pas en cause la légitimité de l'intervention des communes et des départements qui bénéficieraient alors d'une fiscalité additionnelle ou partagée avec les collectivités pilotes. Dans le cas d'un impôt partagé, chaque région ou chaque intercommunalité redistribuerait par exemple aux départements un pourcentage (fixé par la loi) du produit de son impôt. Dans le cas d'un impôt additionnel, on ajouterait au taux régional ou intercommunal un autre taux, fixé par la loi et uniforme sur l'ensemble du territoire, au bénéfice des communes ou des départements.

La fiscalité partagée ou additionnelle préserve bien le principe de spécialisation de l'impôt, puisqu'il n'existe qu'un seul levier fiscal. Elle ne remet pas non plus en question le principe de non-tutelle entre les collectivités locales. Les responsables nationaux des différentes associations d'élus sauront certainement trouver des solutions adaptées à chaque territoire, grâce à l'expérience acquise depuis vingt ans dans l'application des lois Defferre.

La spécialisation fiscale conduit à une meilleure lisibilité de l'imposition. Elle serait également l'occasion de distinguer clairement les deux catégories de contribuables, à savoir les particuliers et les entreprises. Les deux ont recours aux services publics offerts sur le territoire et il est donc normal qu'ils soient tous deux soumis à une imposition locale. Toutefois dans le système actuel, l'évolution des taux de taxe professionnelle (acquittée par les entreprises) est liée à celle des autres taxes (acquittées par les particuliers). Si on spécialise l'impôt et que la taxe professionnelle est désormais perçue uniquement par un niveau donné de collectivité (l'intercommunalité), il sera possible d'opérer la déliaison des taux. La détermination des taux resterait encadrée au niveau national par des seuils et des fourchettes déterminés lors des négociations annuelles au Parlement.

Et plus de redistribution...

La redistribution se fait mal aujourd'hui en France, car les dispositifs actuels mélangent une volonté de péréquation des ressources et de péréquation des charges, ce qui est une source de confusion. Ils sont inefficaces car ils ne parviennent pas à réduire les écarts de richesse qui progressent plus vite que les montants mobilisés. En outre, une logique de redistribution centralisée répond mal à la diversité des situations des 40 000 collectivités bénéficiaires. Or, une politique de péréquation ambitieuse est possible : en Allemagne, si les recettes fiscales d'un *Land* dépassent de 10 % la moyenne nationale, tout ce qui est en excédent est redistribué aux autres *Länder*. La loi d'orientation du 4 février 1995 pour l'aménagement et le développement du territoire – dite loi Pasqua – avait justement prévu en son article 68 que les ressources des collectivités locales ne pouvaient être inférieures à 80 %, ni excéder 120 % de la moyenne nationale par habitant. Faute toutefois d'un décret d'application, le texte n'est pas en vigueur !

Pour clarifier cette situation, l'essentiel serait de territorialiser la répartition des dotations d'État. Une dotation unique pourrait se substituer à l'ensemble des dotations d'État, pour être répartie dans un premier temps en enveloppes régionales globalisées en fonction de critères socioéconomiques liés à l'aménagement du territoire et validés par le Parlement. Dans un deuxième temps, la répartition entre les différentes collectivités d'un même territoire régional se ferait par une instance locale. Ceci permettrait de trouver localement les bons indicateurs et de modifier la logique d'attribution des dotations en l'indexant sur les besoins.

On peut aussi compléter les mesures de redistribution en développant une politique ambitieuse de péréquation qui serait assise sur les bases fiscales. Le dispositif s'apparenterait à celui qui régit l'impôt sur le revenu des particuliers et la prime pour l'emploi.

Pour chaque impôt, un prélèvement par « tranches » serait effectué sur les bases des collectivités locales les plus riches. À titre d'exemple, on calculerait la moyenne nationale des bases fiscales locales puis on prélèverait 5 % afin de les redistribuer sur les tranches supérieures de 10 à 20 % à la moyenne, 10 % sur les tranches dépassant de 20 à 30 % la moyenne et ainsi de suite. Chaque collectivité continuerait ainsi de profiter d'une part de la croissance de ses bases, et donc de son développement. Le produit de ces écrêtements serait redistribué aux collectivités les plus pauvres sous forme de bases fictives s'ajoutant aux bases réelles.

Clarifier et rénover la fiscalité

Mais pour rééquilibrer le système des finances locales, il faudrait pouvoir savoir de quoi l'on parle et quelles sont les conséquences des choix opérés. Plusieurs questions fondamentales restent en effet en suspens : l'impôt est-il plus efficace quand il est levé au niveau national, comme l'impôt sur le revenu, ou quand il est levé au niveau local, comme la taxe d'habitation ? Que vaut-il mieux augmenter, la taxe d'habitation ou l'impôt sur le revenu ? Qui décide de l'augmentation de la fiscalité ? Quel est le coût réel des compétences autrefois assumées par l'État et qui seraient transférées aux collectivités locales ? Le meilleur talent de gestionnaire que l'on attribue aux collectivités locales pourrait conduire à réduire les coûts de fonctionnement : comment dans ce cas calculer le volume des transferts de ressources de l'État aux collectivités locales ? C'est sur un raisonnement de ce type que certaines collectivités locales sont entrées en conflit avec l'État à propos de la décentralisation du trafic voyageurs SNCF régional.

Prenons deux exemples de taxes existantes avant d'envisager les possibilité de ressources fiscales nouvelles.

La taxe professionnelle

La taxe professionnelle a été remaniée à plusieurs reprises au cours des dernières années, allant de l'abattement de 16 % des bases en 1987 à la réduction pour embauche et investissement, en passant par le plafonnement à la valeur ajoutée puis la suppression de la part salaire. Cette évolution semble préfigurer la disparition de cette imposition alors même qu'on a fait de la taxe professionnelle le levier de l'intercommunalité. Or l'imposition locale sur les entreprises est légitime puisque ces dernières ont recours aux services publics ; elle sera encore plus légitime lorsque l'ensemble de la compétence en matière de développement économique sera confiée aux collectivités. S'il est faux de dire que la taxe professionnelle est un obstacle majeur à la création d'entreprise, il est vrai que la très grande disparité des taux et des bases d'imposition pénalisait les entreprises. L'instauration récente de la taxe professionnelle unique au sein des intercommunalités s'est révélée un progrès car elle a efficacement contré cette tendance.

Cet impôt a fait l'objet de débats passionnés opposant les élus aux représentants du monde patronal, qu'il serait souhaitable de voir toucher à leur fin : s'il est clair qu'une imposition locale sur les entreprises est légitime, il importe que cette imposition ne les dissuade pas de réaliser des investissements productifs. Il faut aussi qu'elle soit clairement encadrée et qu'on ne cède pas – comme cela a pu être le cas – à la facilité d'en augmenter chaque année le plafond.

L'importance de la taxe professionnelle est telle qu'on peut légitimement penser qu'elle devrait être l'objet d'accords-cadres régionaux entre les deux parties, élus et entrepreneurs. Elle représente en effet des sommes considérables : 23 milliards d'euros en 2001. De plus, elle doit assurer aux collectivités locales une ressource stable : dès lors, une imposition fondée sur les stocks (valeur cadastrale des immeubles, valeur locative des biens de production) et encadrée par des plafonds absolus des taux est mieux adaptée qu'une fiscalité assise sur des flux comme la valeur ajoutée ou les bénéfices qui s'avèrent particulièrement volatils. On le voit en Allemagne où les villes sont au régime sec et affrontent de grandes difficultés budgétaires du fait de la chute brutale des recettes de la taxe locale sur les bénéfices.

La taxe d'habitation

Il apparaît nécessaire de réformer les bases de la taxe d'habitation, obsolètes depuis parfois plus de vingt ans et de ce fait manifestement injustes. On peut d'abord imaginer de les réviser progressivement, à l'occasion des mutations, tout en conférant à la collectivité qui le souhaite le pouvoir de procéder en bloc à la révision de la taxe d'habitation sur son territoire. Il serait en outre utile de réfléchir à de nouvelles méthodes d'évaluation des bases ainsi qu'à un calendrier de révisions.

De nouvelles pistes

Dans la perspective de transferts massifs de compétences aux collectivités locales et notamment aux régions, il faudra pouvoir augmenter massivement leurs ressources. Les seuls transferts évoqués ici en matière d'éducation ou de santé sont en effet largement supérieurs aux budgets régionaux ou départementaux actuels.

De nombreuses pistes peuvent être évoquées : consacrer une part d'impôts nationaux très productifs, comme la taxe intérieure sur les produits pétroliers, la TIPP, qui rapporte près de 25 milliards d'euros, en est une. On pourrait également envisager d'attribuer une part de l'impôt sur le revenu aux régions : c'est bien en effet localement que les contribuables bénéficient de services aujourd'hui rendus par l'État, demain sans doute par les collectivités locales. La plupart des pays européens ont institué ce type d'impôt sur le revenu, qui représente par exemple 35 % des recettes fiscales des communes belges. La France est cependant dans une situation singulière, puisqu'à peine un foyer sur deux acquitte l'impôt sur le revenu.

*

La réforme des finances locales reste sans aucun doute le point le plus épineux de la décentralisation, et elle ne manque pas de soulever les passions. Il est clair que la décentralisation ne pourra véritablement aboutir sans une refonte radicale du cadre des finances locales, mais il est aussi clair que les résistances seront nombreuses.

Il importe, dans ce contexte, de ne pas déstabiliser les budgets des collectivités: procéder à des aménagements progressifs sur une période de temps d'une dizaine d'années, avec un calendrier clair des échéances, semble la solution la plus sage. Une première étape de ce long parcours pourrait consister à clarifier l'imposition par la spécialisation et par la révision de bases aujourd'hui obsolètes.

XI
Et maintenant ?

La réforme de l'État en général et la décentralisation en particulier ont donné lieu à de nombreux colloques et publications qui attestent de la maturité de la réflexion des experts, des élus et des administrations. En revanche, cette réforme capitale reste mal connue des citoyens. Au moment de la mettre en œuvre, il paraît essentiel de réfléchir, d'une part, au moyen de mieux en faire connaître les enjeux, et d'autre part, aux différentes étapes de sa mise en œuvre.

Les écueils de la décentralisation

Une réforme aussi importante ne va pas sans rencontrer des écueils ou produire des dysfonctionnements. Ceux-ci sont d'autant plus nombreux qu'une décentralisation audacieuse expose nécessairement le pays à des turbulences et des remous dont il ne faudrait pas sous-estimer l'ampleur. En dehors des choix idéologiques ou politiques opérés, la critique portera sur les modalités d'application de la réforme et ses résultats. Mieux vaut donc d'ores et déjà chercher à les identifier.

Le retour des baronnies locales ?

La décentralisation peut être perçue comme l'occasion pour des notables locaux de réaffirmer un pouvoir autrefois battu en brèche par la toute-puissance de l'État central. La résurgence de cette question dans de nombreux articles ou sur les forums de discussion internet montre bien combien cette crainte est profondément ancrée dans l'imaginaire collectif de la France. Une grande partie de l'histoire du pays, de son unification par les rois francs à la Fronde ou la Révolution, a en effet tourné autour de la lutte du pouvoir central contre les pouvoirs locaux. Ce sentiment est encore amplifié par la faiblesse relative des corps intermédiaires en France (associations et syndicats); de plus, ces derniers se sont principalement structurés au niveau national. Le dialogue social et les contre-pouvoirs apparaissent donc comme opérant essentiellement au niveau national. Mais cet état des choses n'est pas une fatalité : structurer le dialogue social au niveau local est possible à condition que les corps intermédiaires déjà existants se réorganisent en conséquence et qu'apparaissent de nouvelles instances de représentation locales, notamment au sein des conseils locaux. Le spectre des « méfaits » des baronnies locales peut aussi utilement être contré par le non-cumul des mandats, le contrôle du Sénat, l'existence de médiateurs indépendants et périodiquement réaffectés, et le renouvellement régulier des conseils locaux.

Du mille-feuille au kaléidoscope ?

La grande variété des situations locales et des solutions envisageables pourrait conduire à un éclatement de l'action publique en un kaléidoscope de responsabilités tout aussi illisible que le mille-feuille actuel.

L'appel à propositions lancé par le gouvernement a l'avantage de révéler la diversité des priorités locales : la Bretagne met l'accent sur la gestion de l'eau, l'Île-de-France sur les transports et les universités, le Nord-Pas-de-Calais sur les hôpitaux... Il est clair toutefois que le fait d'implémenter toutes ces propositions en leur état actuel conduirait à complexifier encore plus le système institutionnel. Du mille-feuille administratif on passerait ainsi à une gestion en kaléidoscope, chaque territoire et chaque domaine faisant apparaître une mouture distincte de la distribution des compétences. Imaginons-en les conséquences : les hôpitaux seraient gérés par la région au Nord et en Provence-Alpes-Côte-d'Azur, par le département à Paris, par l'État central en Corrèze et en Languedoc-Roussillon, tandis que les aéroports dépendraient tantôt de la région, tantôt de l'État sous forme d'établissement public ou bien, pourquoi pas, du privé.

Les ministères ont également dressé la liste des compétences [19] qu'ils envisageraient de céder aux collectivités locales. Conçue ministère par ministère et non à partir des enjeux locaux, cette première consultation aboutit à un véritable inventaire à la Prévert. La gestion du RMI, l'aide aux personnes âgées et à l'enfance ainsi que l'affectation des élèves du second degré et les bibliothèques iraient aux départements, tandis que les régions se verraient confier pêle-mêle les aides économiques aux entreprises, la tutelle sur l'information et l'orientation des lycéens et collégiens, la politique de développement des activités liées au cheval, le contrôle de l'hygiène alimentaire dans les restaurants, le classement des hébergements de tourisme, ou encore la formation professionnelle dans les domaines du théâtre, de la musique et de la danse... Le moins qu'on puisse dire est que le paysage institutionnel n'en sort pas simplifié !

Ces propositions révèlent une grande hétérogénéité de conception de la décentralisation, et un flou certain sur la distinction entre les activités de gestion et les activités de fixation des normes, d'évaluation et de classement. La fluidité et le bon fonctionnement du marché du tourisme requiert un classement homogène des établissements sur le plan national.

Quant au contrôle de l'hygiène alimentaire, il est vrai que les procédures peuvent être déconcentrées au niveau local mais il paraît plus sûr et plus cohérent de confier aux administrations centrales le soin de fixer les normes et d'évaluer les pratiques.

La diversité de ces propositions, même si elles sont individuellement justifiées, peut devenir contre-productive si elle ne rentre pas au minimum dans le cadre d'une conception claire de la redistribution des tâches entre les pouvoirs publics : aux collectivités la gestion, à l'État central les orientations, les normes et les contrôles. Pour éviter la conjonction d'une logique d'écrémage au coup par coup, toujours tentante en des temps d'austérité budgétaire, et d'une organisation en kaléidoscope, il apparaît vital de clarifier le cadre des expérimentations et d'en assurer la cohérence.

Jamais dans mon jardin !

Cette expression est la libre traduction de l'expression américaine « *Not in my backyard* » (*NIMBY*) qui désigne la tendance au repli sur soi des communautés et à la priorité des intérêts locaux sur la recherche de l'intérêt général. Ce réflexe est humain et il concerne tous les sujets sensibles : usines de traitement des déchets, itinéraires des camions, construction de centres sociaux... La gestion par l'État central avait l'avantage de régler, certes parfois brutalement, ce type de problèmes en imposant unilatéralement la solution. Faire le pari de la démocratie locale, c'est aussi faire le pari de l'intelligence des citoyens et de la valeur des compromis, qui pourront paraître moins efficients mais seront mieux acceptés.

Cela suppose toutefois un minimum de mixité sociale, c'est-à-dire de diversité des populations. Or on observe dans de nombreux pays du monde (États-Unis, Afrique du Sud, Brésil, Grande-Bretagne...) l'essor du phénomène des communautés closes (*gated communities*) : elles sont fondées sur le principe de l'exclusion physique et sociale des personnes qui n'appartiennent pas au même milieu social que leurs membres. L'acceptation de nouveaux arrivants au sein de l'immeuble ou du quartier est soumise à l'approbation des résidents, et la clôture du lieu marquée par des gardiens et des barrières. Cette logique de sécession dans l'habitat est déjà à l'œuvre en France, notamment dans le Sud, et elle est extrêmement pernicieuse puisqu'elle consacre des intérêts de classe au sein des territoires. Les choix d'aménagement du territoire, tout comme l'évolution de la fiscalité, risquent d'être affectés par l'avènement de ces groupes de pression.

Quels sont les cliquets de sécurité d'un système décentralisé face à de tels phénomènes ? Les élus bien sûr ont un rôle à jouer, appuyé par l'intervention du préfet de région, dont la fonction, en tant que représentant de l'État, serait d'arbitrer et de trancher les éventuels conflits d'intérêt.

À *quel prix ?*

La décentralisation convoque toujours le spectre d'un envol de la fiscalité locale, qui compenserait et peut-être dépasserait la baisse des impôts nationaux. Les mesures phares de la première vague de décentralisation, à savoir le transfert des lycées et collèges, ou plus récemment la régionalisation du trafic ferroviaire voyageurs, ont effectivement correspondu à un effort financier massif des collectivités locales. En Alsace, la région a ainsi complété de 15 % les dotations reçues de l'État pour les transports express régionaux. Ces dépenses ont prouvé leur efficacité : on constate une croissance du trafic de 35 % et des gains de productivité de 20 % depuis 1997. Remarquons que l'immobilier scolaire et le transport des voyageurs sont deux domaines essentiels dans la vie des Français où le sous-investissement de l'État a dû être compensé par les collectivités. L'augmentation mesurée de la fiscalité locale (2 % prévus en 2002 sur l'ensemble de la France) sert ainsi l'amélioration à long terme comme à court terme des services publics.

Il est certain que toutes les compétences transférées n'appelleront pas de tels efforts. On peut également ajouter qu'il existe plusieurs garde-fous pour contenir l'évolution de la fiscalité locale, au premier rang desquels se trouve le souci des élus d'éviter des mesures trop impopulaires !

Le contrôle de la fiscalité peut enfin être renforcé par la mise en place d'un pilotage macroéconomique de l'économie locale grâce à la conjonction d'un examen annuel des finances locales au Parlement et du suivi en continu des expérimentations par une autorité indépendante, l'Agence de la décentralisation.

Les difficultés soulevées par la décentralisation risquent de se muer en blocages indépassables si les citoyens ne sont pas clairement informés des enjeux et s'ils ont le sentiment de ne pas avoir leur mot à dire. C'est pourquoi il est indispensable de réfléchir à la part qu'ils peuvent prendre à cette réforme.

La part des citoyens

Engager une réforme de cette ampleur n'est pas anodin dans la mesure où elle affecte non seulement le quotidien des habitants, mais aussi leur relation symbolique et politique avec les pouvoirs publics. La réussite de l'entreprise ne tient pas seulement à la pertinence des formules retenues ou à leur souplesse, mais aussi à leur capacité de convaincre de leur bien-fondé et de mobiliser l'ensemble des citoyens. La décentralisation, si on veut qu'elle prenne toute son ampleur de grand projet de société, ne peut pas en rester à favoriser une gestion de proximité : elle doit marquer l'accession à la pleine maturité politique du monde local et de la société civile. Or, la première condition de cette véritable « révolution » consiste à ouvrir le débat aux non-spécialistes.

Dans le sillage des auditions réalisées lors des Assises des libertés locales, un véritable débat citoyen peut être lancé sur le long terme. Le travail de sensibilisation de l'opinion publique via les médias a déjà été engagé à l'occasion du projet de réforme de la Constitution et au travers de la détermination affichée par le Premier ministre.

La deuxième étape consiste à permettre aux citoyens de participer au débat, en instaurant une forme de démocratie consultative qui reste encore en France très peu développée. L'outil des forums internet est à cet égard précieux, de même que les débats citoyens organisés par les collectivités locales. L'initiative lancée en région Provence-Alpes-Côte-d'Azur, à savoir la tenue d'états généraux dans les départements, va dans ce sens.

La troisième étape réside, bien sûr, dans la capacité de valider les projets, la démocratie décisionnelle : si la discussion reste ouverte quant au bien-fondé du recours au référendum afin d'approuver les changements de la Constitution, il semble vital que les citoyens soient amenés à se prononcer localement sur des décisions qui les concernent comme la modification de la carte territoriale (fusion des départements ou des régions).

Un outil fédérateur :
l'Agence de la décentralisation

La décentralisation, on l'aura compris, est une réforme capitale pour notre pays qui doit réussir la gageure de laisser s'épanouir l'esprit d'initiative tout en assurant la cohérence des politiques choisies. Or les risques d'éparpillement et de conflits sont extrêmement grands, d'autant plus que le débat risque de tourner vite au passionnel au sein de la classe politique.

Comment répondre aux risques d'inégalités croissantes, de hausse de la fiscalité, de kaléidoscope administratif sans recourir encore une fois à une décision imposée « d'en haut » ? Comment, en d'autres termes, engagerons-nous une réforme concertée entre les quatre piliers de l'action publique, l'État, les collectivités locales, les citoyens et la société civile ?

Et sur quelle base d'information pourrons-nous nous fonder pour évaluer les expérimentations et prendre les décisions finales ? Car l'essentiel des outils statistiques, économiques et géographiques dont nous disposons en France ont été conçus dans une perspective nationale. Avec la décentralisation s'ouvre également un immense chantier scientifique de mesure et de compréhension de la logique spécifique des territoires.

Il existe bien déjà un Observatoire régional du politique, des travaux régionaux de l'Insee, et la Datar a proposé de créer un Observatoire des territoires. Toutefois l'importance et l'urgence de la réforme rendent essentiel d'articuler étroitement les travaux des chercheurs et ceux des décideurs.

De manière à assurer un suivi citoyen de la réforme de décentralisation, je propose de créer une Agence de la décentralisation. Cette autorité indépendante serait formée d'une vingtaine de personnalités éminentes du monde politique et de la société civile, assistées d'équipes spécialisées en matière de gestion et de financement locaux. Elle serait principalement chargée du suivi et de l'évaluation des expérimentations, et veillerait à la diffusion des informations vers le public. Elle resterait en fonction pendant toute la durée de la réforme, soit probablement une dizaine d'années.

Ce « conseil de sages » commanditerait les audits préalables aux transferts de compétences, ainsi que les audits annuels de contrôle des expérimentations. Il présenterait chaque année au gouvernement un rapport sur l'état de la décentralisation, qui serait soumis au Parlement à l'occasion d'une conférence annuelle des collectivités locales, et il émettrait des avis sur les nouveaux projets de réforme.

Toutes les expérimentations se plieraient à des contraintes d'évaluation et de suivi selon un calendrier précis : une période de six mois à un an serait utilisée pour formuler le projet et le présenter au Parlement qui l'autoriserait ou non, suivie par une période d'expérimentation proprement dite de trois, quatre ou cinq ans au terme de laquelle interviendrait la validation définitive de la proposition au Parlement.

À titre d'exemple, l'Agence de la décentralisation pourrait être sollicitée pour déterminer le degré de transférabilité des compétences. Il n'est en effet ni possible ni souhaitable de transférer massivement et en une seule fois toutes les compétences de gestion aux collectivités locales. On peut imaginer de distinguer des blocs de compétences susceptibles d'être transférés en entier et des noyaux durs de compétences provisoirement non modifiables (celles qui ne sont pas d'intérêt régional par exemple) [20].

Il faudra également réfléchir à la mise en place des trains de mesures thématiques successifs, afin de répartir dans le temps les transferts : on procéderait ainsi par exemple d'abord aux expérimentations en matière d'éducation, puis deux ans plus tard à celles en matière de santé. Deux ans plus tard, ce serait le tour du développement économique, puis des transports, etc. Mais cette question doit rester ouverte, l'essentiel étant d'engager le processus.

Enfin, l'issue des expérimentations devra faire l'objet d'une réflexion approfondie. Il paraît vain en effet de déclarer vouloir favoriser la diversité en expérimentant localement pour ensuite généraliser systématiquement ces initiatives au niveau national : certaines s'y prêteront, d'autres non. L'application du principe de différenciation n'aurait, en effet, pas de sens si elle était transitoire et restreinte à la seule période d'expérimentation.

*

Conjuger la France au pluriel, rendre la parole au citoyen, enraciner et diffuser la démocratie, voilà l'enjeu de la décentralisation. Le temps est venu de refonder nos institutions, pour mettre en oeuvre un projet de « vivre ensemble » commun aux Français, qui mobilise en particulier les jeunes générations de notre pays.

ANNEXES

PORTRAIT DES COLLECTIVITÉS LOCALES FRANÇAISES EN 2002

Combien sont-elles ?

La France compte 26 régions dont 22 en métropole, 100 départements dont 96 en métropole et 36 600 communes. Elle compte aussi 20 000 structures intercommunales dont 2 200 sont des établissements publics à fiscalité propre.

De quelle dimension ?

La France se distingue dans le paysage européen par la petite taille de ses circonscriptions administratives : 95 % des communes ont moins de 5 000 habitants.

Le panorama des régions françaises fait apparaître de fortes disparités. L'écart entre l'Île-de-France, qui produit 28,6 % du PIB national avec près de 11 millions d'habitants, et les autres régions est énorme. La plupart des régions françaises, soit 15 sur 22, comptent entre 1 et 3 millions d'habitants ; les plus petites sont la Corse (260 000 habitants) et le Limousin (710 000 habitants), et les plus grandes, hors région parisienne, Rhône-Alpes avec 5,6 millions d'habitants et Provence-Alpes-Côte d'Azur avec 4,5 millions d'habitants.

Les régions regroupent pour la plupart entre 1000 et 2000 communes, et de 3 à 8 départements. Seules 4 régions ne comptent que deux départements: l'Alsace, la Corse, le Nord-Pas-de-Calais et la Haute-Normandie.

Les départements comptent généralement entre 300000 et 800000 habitants. Les plus peuplés sont le Nord avec 2,6 millions d'habitants, Paris avec 2,1 millions d'habitants et les Bouches-du-Rhône avec 1,8 million d'habitants; les moins peuplés sont la Lozère (73 000 habitants), la Corse-du-Sud (118 000 habitants), les Hautes-Alpes (121 000 habitants).

Qui les gère ?

Les effectifs de la fonction publique territoriale représentent 32 % de ceux de la fonction publique totale, soit 1,35 million de personnes dont près d'un million travaille pour les communes. Le poids budgétaire des dépenses de personnel varie fortement selon le type de collectivité: les régions y consacrent 7 % de leur budget, les départements 18 % et les communes 50 %.

Les collectivités sont dirigées par les conseils municipaux, généraux (au niveau du département) et régionaux. Alors que les conseils municipaux et généraux sont élus au suffrage universel direct par liste et au scrutin majoritaire, les conseils régionaux sont élus au scrutin de liste départementale à la proportionnelle. Il existe également au niveau régional des commissions spécialisées et un conseil économique et social régional au pouvoir consultatif, composé de représentants d'entreprises, de syndicats et d'associations.

Il y a en France près de 515000 conseillers municipaux, dont plus de 36600 maires, près de 4000 conseillers généraux et un peu moins de 1700 conseillers régionaux.

Quel budget ?

Les budgets des communes varient bien sûr énormément selon leur localisation et leur taille : en moyenne les communes de moins de 10 000 habitants dépensent environ 900 euros par an et par habitant tandis que les communes de plus de 10 000 habitants dépensent environ 1 400 euros par an et par habitant.

La plupart des départements ont un budget qui se situe entre 200 et 800 millions d'euros. Les plus gros budgets sont ceux du Nord (1,5 milliard d'euros), de Paris (1,4 milliard d'euros), de la Seine-Maritime (1,2 milliard d'euros) et de la Seine-Saint-Denis (1 milliard d'euros). Les plus petits budgets sont ceux de la Lozère (76 millions d'euros) et du Cantal (133 millions d'euros).

Les budgets des régions sont relativement faibles par rapport à ceux des départements car elles ont moins de compétences et surtout moins de personnel. Le budget de la plupart d'entre elles se situe aux alentours de 60 à 80 millions d'euros. La plus petite, le Limousin, a un budget de 30 millions d'euros et la plus grande, l'Île-de-France, un budget de 410 millions d'euros.

Que font-elles ?

La répartition actuelle des compétences entre les différentes collectivités est la suivante :

– La gestion des équipements (voirie communale, salles de sport...), les services de proximité (eau et gestion des déchets) et la maîtrise du sol sont confiés à la commune. Elles ont également à charge les transports urbains, la culture ainsi que la construction et l'entretien des écoles maternelles et primaires.

– Le département est chargé d'assurer les missions de solidarité sociale (action sanitaire et sociale), d'entretien des collèges, de transport scolaire non urbain et de voirie départementale.

– La région exerce des compétences plus prospectives en matière de développement économique, d'aménagement du territoire et de formation professionnelle, ainsi que la construction et l'entretien des lycées.

Quelles sont leurs ressources ?

Le montant des recettes des collectivités locales, hors emprunts, est de 140 milliards d'euros en 2002.

Le niveau de recettes fiscales des collectivités locales et de leurs groupements est de l'ordre de 80 milliards d'euros en 2002. Quatre taxes principales procurent aux collectivités l'essentiel de leurs recettes fiscales (65 %): la taxe d'habitation, acquittée par les occupants des immeubles, la taxe foncière sur le foncier bâti et la taxe foncière sur le foncier non bâti, acquittées par les propriétaires, et la taxe professionnelle, acquittée par les entreprises. Les collectivités perçoivent également plusieurs autres taxes de nature et de rapport très divers, telles que la taxe sur l'électricité, la taxe sur l'enlèvement des ordures ménagères, le versement transport, les droits de mutation, ou encore la taxe sur les cartes grises.

Les collectivités locales disposent encore de transferts venus de l'État sous forme de dotations qui s'élèvent en 2002 à 30 milliards d'euros, dotations de fonctionnement (80 % du total) et dotations d'investissement.

Quelles sont leurs principales dépenses ?

Les dépenses courantes des collectivités locales et de leurs groupements s'élèvent à 94 milliards d'euros en 2002, dont un tiers est affecté aux dépenses de personnel et un tiers aux achats de biens et de services. Les dépenses d'investissement montent à près de 40 milliards d'euros en 2002, soit cinq fois plus que l'État.

Les collectivités locales engagent des investissements de nature et de coût divers, dont voici quelques exemples :
- la construction d'une cantine scolaire pour 200 enfants : 500 000 euros ;
- la construction d'une piscine de plein air : 1 million d'euros ;
- l'achat d'une rame autorail pour les TER : 3 millions d'euros ;
- la réhabilitation de 260 logements sociaux : 4 millions d'euros ;
- la mise en place d'un centre de compostage pour les déchets ménagers d'une capacité de traitement de 25 000 tonnes par an : 7,5 millions d'euros ;
- la construction d'un lycée : 16 millions d'euros.

Quel est leur patrimoine ?

Les collectivités gèrent et entretiennent un patrimoine important, évalué à plus de 380 milliards d'euros, comprenant les bâtiments administratifs (36 600 mairies, plus de 100 hôtels de départements, une vingtaine d'hôtels de région) et les bâtiments scolaires publics (20 000 écoles maternelles, 39 000 écoles primaires, 5 000 collèges, 1 500 lycées). Elles prennent également en charge les bâtiments sportifs ou culturels : 27 000 stades ou terrains de jeux, 25 000 salles de sport, plus de 4 000 piscines.

Enfin, elles gèrent les réseaux publics : 370 000 kilomètres de routes départementales et 570 000 kilomètres de voirie communale, ainsi que 600 000 kilomètres de canalisations d'eau potable et 180 000 kilomètres de canalisations d'eaux usées.

Qui les contrôle ?

Le contrôle des collectivités locales est désormais un contrôle de légalité qui est exercé *a posteriori*, c'est-à-dire que le préfet ou le sous-préfet ne peut empêcher lui-même l'exécution des actes, mais seulement les déférer au juge administratif pour illégalité.

Un certain nombre d'actes sont obligatoirement transmis au préfet : les délibérations du conseil municipal, les décisions relatives au personnel, les décisions relatives aux marchés, celles qui ont trait à l'occupation des sols et les arrêtés des maires.

En outre, les documents budgétaires sont soumis à un contrôle financier effectué par le préfet et les chambres régionales des comptes ou le Trésor public.

PANORAMA EUROPÉEN
DES COLLECTIVITÉS LOCALES

La tendance générale : plus de régionalisation, plus de décentralisation

Au cours de ces vingt dernières années, les pays membres de l'Union européenne ont mis en œuvre un certain nombre de réformes décentralisatrices en faveur des collectivités locales : accroissement de leurs compétences (France, Portugal, Italie, Espagne), suppression des contrôles *a priori* (en France et en Grèce), renforcement de l'autonomie fiscale (en Espagne et en Italie), diminution du niveau des transferts financiers affectés au profit des transferts non affectés (Pays-Bas), création de nouvelles catégories de collectivités locales (en Grèce, en Irlande ou au Royaume-Uni).

Nombre de ces réformes ont concerné le niveau « régional » qui apparaît comme le niveau « phare » de collectivité locale, tant en ce qui concerne les aspirations des habitants, que l'efficacité des politiques d'aménagement du territoire ou encore les politiques territoriales de Bruxelles axées sur des entités de taille régionale (programme NUTS 2).

Les trois modèles locaux

Le renforcement important de l'échelon régional en Espagne et en Italie fait apparaître aux côtés des États unitaires et des États fédéraux, une troisième catégorie d'État, les États régionalisés.

141

Le modèle de l'État fédéral correspond aux cas de l'Allemagne, de l'Autriche et de la Belgique. Il se caractérise par une présence affirmée des États fédérés au niveau local : ces derniers définissent l'organisation interne des collectivités locales, exercent sur elles un contrôle administratif et budgétaire et participent à leur financement soit par le partage d'impôts soit au moyen de dotations.

Le modèle de l'État régionalisé correspond aux cas de l'Espagne et de l'Italie. Les régions se rapprochent des États fédérés par leurs très larges compétences, par l'existence d'un pouvoir législatif propre et par le renforcement de leur autonomie fiscale.

Le modèle de l'État unitaire correspond aux cas du Danemark, de la Finlande, de la France, de la Grèce, du Luxembourg, de l'Irlande, des Pays-Bas, du Portugal, du Royaume-Uni et de la Suède. Bien que le degré de décentralisation varie, on y recense des traits communs aux collectivités locales. Dans ce modèle en effet, les collectivités ne disposent pas d'un pouvoir législatif propre, ni de pouvoir réglementaire général et il n'y a pas de tutelle d'un niveau local sur un autre (sauf aux Pays-Bas). Notons que le Royaume-Uni est un cas particulier en raison de sa grande hétérogénéité institutionnelle, de l'existence d'un pouvoir législatif en Écosse et en Irlande du Nord, et de pouvoirs réglementaires.

Un paysage varié

Il y a actuellement en Europe 74 000 collectivités locales, structurées selon les pays en un, deux ou trois niveaux locaux.

Dans le cas des États fédéraux, c'est-à-dire en Allemagne, en Autriche et en Belgique, le troisième niveau est constitué par les États fédérés.

Panorama européen des collectivités locales

	Premier niveau	Deuxième niveau	Troisième niveau
États fédéraux			
Allemagne	13 854 *Gemeinden*	323 *Kreise*	16 *Länder*
Belgique	589 communes	10 provinces	3 communautés et 3 régions
Autriche	2 359 *Gemeinden*		9 *Länder*
États régionaux			
Espagne	8 106 *municipios*	50 *provincias*	17 *comunidades autonomas*
Italie	8 100 *comuni*	103 *province*	20 *regioni*
États unitaires			
France	36 565 communes	96 départements	22 régions
Irlande	80 *town authorities* 5 *cities*	29 *county councils*	8 *regional authorities*
Danemark	275 *kommuner*	14 *amter*	
Grèce	133 *koitinotita* et 900 *dimos*	50 *nomachiaki autodeikisi*	
Pays-Bas	504 *gemeenten*	12 *provincies*	
Portugal	278 *municipios*		
Royaume-Uni :	36 *unitary authorities* (46 en Angleterre, 32 en Écosse, 22 au Pays de Galles) 26 *districts* en Irlande du Nord 33 *boroughs* à Londres	34 *county councils* (en Angleterre uniquement)	4 *home countries* : l'Angleterre, l'Écosse, l'Irlande du Nord et le Pays de Galles
Suède	289 *kommuner*	21 *landsting*	
Finlande	448 *kunta*		
Luxembourg	118 communes		

Des coopérations locales partout en Europe

Des structures de coopération entre collectivités locales sont présentes dans tous les pays de l'Union européenne. Leur nombre est toutefois très variable d'un pays à l'autre : quasiment inexistantes au Royaume-Uni, elles existent en grand nombre dans plusieurs pays, par exemple au Luxembourg (70 structures pour 118 communes), en Suède (55 structures pour 289 communes), en Finlande (250 structures pour 448 communes), en Autriche (1 000 structures pour 2 359 communes) ou en France (20 000 structures pour 36 600 communes).

La plupart ont pour objet la gestion en commun de services publics locaux. Les structures intercommunales permettent également le développement de services que les petites communes ne sont pas à même de fournir seules, ainsi que la réalisation en commun de projets dépassant le simple cadre communal (en matière de transports par exemple).

Les collectivités locales : des acteurs économiques incontournables

Les collectivités locales ont un rôle économique important, ne serait-ce que par le poids de leurs dépenses. Celles-ci atteignent 987 milliards d'euros en 2001, soit environ 2 600 euros par habitant, et représentent une part non négligeable du PIB (11 %) et des dépenses publiques totales (24 %).

Le niveau de ces ratios diffère bien sûr beaucoup selon les pays, et notamment selon le type de compétences exercées : lorsque les collectivités locales ont à leur charge la filière éducation ou la filière santé, la part de leurs dépenses dans le PIB est bien plus considérable.

Mais les collectivités locales ont surtout un rôle stratégique au travers de leurs dépenses d'équipement, notamment en matière d'aménagement du territoire et d'action environnementale. En 2001, les investissements publics locaux européens atteignent 134 milliards d'euros, soit 350 euros par habitant.

L'impôt local

Il existe en Europe trois grandes catégories d'impôts locaux : les impôts fonciers, les impôts sur le revenu des personnes physiques et les impôts sur les activités économiques.

L'impôt foncier est le plus répandu, présent partout sauf en Suède. Il en existe deux en France : la taxe d'habitation et la taxe foncière.

Six pays ont mis en place un impôt local sur le revenu des personnes physiques : la Belgique, le Danemark, l'Espagne, la Finlande, l'Italie et la Suède. Il s'agit dans tous ces cas d'un impôt « empilé », levé sur une même base soit à la fois par l'État et un niveau local, soit par l'État et tous les niveaux locaux. C'est une source de revenu importante pour les collectivités locales qui en bénéficient.

L'impôt local sur les entreprises existe dans 10 pays : l'Allemagne, l'Autriche, la Belgique, le Danemark, l'Espagne, la France, l'Irlande, l'Italie, le Luxembourg et le Portugal. L'assiette de cet impôt diffère selon les pays. Les critères les plus fréquemment retenus sont ceux du bénéfice réalisé, de la masse salariale et des immobilisations.

Les transferts financiers

Les collectivités locales bénéficient dans tous les pays européens de transferts financiers, en provenance pour l'essentiel de l'État (État central ou États fédérés) mais également de l'Union européenne et des autres collectivités locales. Dans la majorité des pays, une part de ces transferts proviennent de recettes fiscales clairement identifiées. S'y ajoutent des transferts provenant de ressources budgétaires non spécifiques.

C'est en Allemagne, en Autriche, au Danemark et en Suède que les mécanismes de péréquation sont les plus élaborés.

La dette locale

L'endettement du secteur public local européen s'élève à 493 milliards d'euros en 2001, soit une moyenne de 1 300 euros par habitant. Il représente 8,9 % de la dette publique totale et 5,6 % du PIB européen. À titre de comparaison, la dette des États fédérés (381 milliards d'euros) représente 4,3 % du PIB européen.

D'un pays à l'autre, la part de la dette locale dans le PIB varie entre 0,6 % (Grèce) et 9,8 % (Pays-Bas).

On remarquera que l'endettement du secteur public local a diminué au cours de la deuxième moitié des années 1990, passant de 6,6 % à 5,6 % entre 1995 et 2001.

Une sélection d'ouvrages
pour poursuivre la réflexion

Ouvrages généraux
Jacques Baguenard, *la Décentralisation*, PUF, 2002.
Pierre Bodineau, *la Régionalisation*, PUF, collection « Que-sais-je », 1995.
Charles Floquet (dir.), *Pour en finir avec la dé-centralisation*, Datar, l'Aube, 2002.
Bruno Rémond, *la Fin de l'État jacobin ?*, LGDJ, 1998.
Bruno Rémond, *la Région : une unité politique d'avenir*, Montchrestien, 1999 (3ᵉ éd.).
Pierre Richard, *le Temps des citoyens*, PUF, 1995.
Adrien Zeller, Pierre Stussi, *la France enfin forte de ses régions*, Gualino, 2002.

Pour une approche historique
Pierre Bodineau, Michel Verpeaux, *Histoire de la décentralisation*, PUF, 1997.
Pierre Deyon, *Paris et ses Provinces : le défi de la décentralisation, 1770-1992*, A. Colin, 1992.
Pierre Deyon, *l'État face au pouvoir local : un autre regard sur l'histoire de France*, ELF, 1996.
Pierre Deyon, Armand Frémont, *la France et l'Aménagement de son territoire (1945-2015)*, LGDJ et ELF, 2000.
Yves Mény, *Centralisation et Décentralisation dans le débat politique français : 1945-1969*, LGDJ, 1974.

Jean-Marc Ohnet, *Histoire de la décentralisation française*, Librairie générale française, 1996.

Pour une approche juridique
Georges Dupuis, *le Centre et la Périphérie en France : essai historique et juridique*, LGDJ, 2000.

Pour une approche économique
G. Benko, A. Lipietz, *les Régions qui gagnent. Districts et réseaux : les nouveaux paradigmes de la géographie économique*, PUF, 1992.
Xavier Greffe, *Économie des politiques publiques*, Dalloz, 1997.
Xavier Greffe, *le Développement local*, Datar, l'Aube, 2002.
Ch. Longhi, J. Spindler, *le Développement local*, LGDJ, 2000.
Jacques Méraud, *les Collectivités locales et l'économie nationale*, ELF, 1997.
Laure Tourjansky-Cabart, *le Développement économique local*, PUF, collection « Que sais-je », 1996.

Pour une approche européenne
Thierry Bouclier, *l'Europe des régions contre la France : de la diversité à l'implosion*, éd. Godefroy de Bouillon, 1999.
Pierre Deyon, *Régionalisme et Régions dans l'Europe des quinze*, ELF, 1997.
Yves Mény, *la Réforme des collectivités locales en Europe : stratégies et résultats*, la Documentation française, 1984.
Michel Mosser, *l'Euro-préfet : essai sur l'Europe de proximité*, Vrin, 2000.
Bruno Rémond, *De la démocratie locale en Europe*, Presses de Sciences-po, 2001.

Collection bleue de Dexia Crédit local
Les Finances locales dans les quinze pays de l'Union européenne, 2002.
Les Finances locales dans onze pays d'Europe centrale, orientale et balte, 2000.

Les Entreprises publiques locales dans les quinze pays de l'Union européenne, 1999.

Le Personnel des collectivités locales dans les quinze pays de l'Union européenne, 2001.

Rapports

Commission de développement des responsabilités locales, Olivier Guichard, *Vivre ensemble*, la Documentation Française, 1976.

Centre national de la fonction publique territoriale, Alain Delcamp (dir.), *les Collectivités décentralisées de l'Union européenne*, la Documentation française, 1995.

Commissariat général du plan, Jean-Paul Delevoye (dir.), *Cohésion sociale et territoires*, la Documentation française, 1997.

Commissariat général du plan, Jean-Michel Charpin (dir.), *Rapport sur les perspectives de la France*, la Documentation française, 2000.

Commissariat général du plan, Pierre Mauroy (dir.), *Refonder l'action publique locale*, la Documentation française, 2000.

Datar, Jean-Louis Guigou (dir.), *Aménager la France de 2020*, la Documentation française, 2000.

Sénat, *Rapport d'information au nom de la mission commune d'information chargée de dresser le bilan de la décentralisation et de proposer les améliorations de nature à faciliter l'exercice des compétences locales*, 2000.

Union européenne, *Regional and Local Government in the European Union : Responsibilities and Resources*, publication officielle de l'Union européenne, Luxembourg, 2001.

Notes

1 Alexis de Tocqueville, *De la démocratie en Amérique*, 2 :
   IV, 6, « Les dérives majeures de la démocratie ».
2 Il s'agissait de : Pierre Albertini, Edmond Alphandéry,
   Philippe Auberger, Michel Barnier, Jacques Barrot,
   Jean-Paul Bailly, Claude Bébéar, Pierre Bellon, Gilles
   Benoist, Jean-François Bernardin, Jean-Marie Bockel,
   Daniel Bouton, Gérard Brémond, Gérard Burel, Jean-
   Yves Chamard, Bertrand Collomb, Jean-François Copé,
   Thierry Cornillet, Louis de Broissia, Henri de Castries,
   Gilles de Robien, Jean Delaneau, Michel Delebarre,
   Jean-Paul Delevoye, Pierre Deyon, Michel Didier,
   René Dosière, Raymond Douyère, François Essig,
   Bruno Flichy, Jean-Pierre Fourcade, Jean-Jacques
   Fournier, Jean-Claude Gaudin, Jean Germain, Paul
   Girod, Nathalie Griesbeck, Robert Grossmann, Daniel
   Hoeffel, Jean-Paul Huchon, Anne-Marie Idrac, Olivier
   Jay, Fabienne Keller, Denis Kessler, Christian Lalu,
   Philippe Laurent, Loïc Le Masne de Chermont, Alain
   Le Vern, Jacques Lebhar, André Levy-Lang, Pierre
   Méhaignerie, Michel Meignier, Michel Mercier,
   Gérard Mestrallet, Georges Mothron, Henri Moulard,
   Claude Pernes, Pascal Perrineau, François Rachline,
   Jean-Pierre Raffarin, Pierre Richard, André Rossinot,
   Dominique Roux, André Santini, Ernest-Antoine
   Seillière, Anne-Claire Taittinger, Daniel Tardy,
   Claude Vasconi, Jean-Paul Virapoullé, Gérard Worms,
   Adrien Zeller.
3 Alexis de Tocqueville, *De la démocratie en Amérique, op. cit.*

4   La publication, le 13 novembre 2002, par les experts du World Economic Forum, du classement annuel des pays les plus attractifs pour l'investissement fait apparaître que la France a reculé de dix places et se situe au 30e rang au lieu du 20e en 2001. Le point de vue des experts est étayé par le jugement de près de 4 800 chefs d'entreprise de tous pays : ils déplorent notamment le poids de l'administration, celui de la réglementation ainsi que la corruption.

5   Alexis de Tocqueville, *De la démocratie en Amérique*, *op. cit.*

6   Le florilège de publications sur la délégitimation du politique depuis quelques années est le signe de la pertinence du constat : Michel Génaire, *Déclin et Renaissance du pouvoir*, Gallimard, 2002 ; Laurent Joffrin, *le Gouvernement invisible*, Arléa, 2002 ; Daniel Amson, *la République du flou*, Odile Jacob, 2002, J.-C. Comor, Olivier Beyeler, *Zéro politique*, Mille et Une Nuits, 2002, pour n'en citer que quelques-uns...

7   J. Jacquier, A. Kirthichandra, *les Régions françaises dans l'Union européenne en 1998*, Insee.

8   Sondage Ifop commandé par l'Assemblée des départements de France, *la Tribune*, 31 octobre 2002.

9   Là encore, plusieurs publications récentes attestent l'importance de ce phénomène de l'émergence de ces nouveaux acteurs : citons Isabelle Sommier, Xavier Grettez (dir.), *la France rebelle*, Michalon, 2002, ou encore Franck Bouaziz, *la Fin des intouchables : enquête sur les nouveaux contre-pouvoirs*, Denoël, 2002.

10 Bruno Rémond, *De la démocratie locale en Europe*, Presses de Sciences-po, Paris, 2001.

11 *Guide des zonages bas-normands*, Insee, 1996 : soit 1 région, 3 départements, 141 cantons, 14 circonscriptions législatives, 1 814 communes, 3 programmes européens, 60 unités urbaines, 28 pôles d'habitat, 14 aires urbaines, 8 schémas directeurs (SDAU), 17 permanences d'accueil et d'information, 18 commissions

locales d'insertion, 119 secteurs scolaires, 10 districts scolaires, 10 zones d'emploi et 20 agences locales de l'emploi, 25 territoires ruraux de développement prioritaire, 4 zones agricoles défavorisées...

12 Sophie Body-Gendrot, *les Villes américaines*, Hachette supérieur, 1997: chap. 4 « La diversité des gestions locales ».

13 Daniel Cohen (dir.), *Politiques publiques et Économie régionale*, rapport ENS-Ceras-Cepremap, Dexia, 2002.

14 Voir notamment les travaux de Pierre-Yves Combes et Miren Lafourcade, Ceras, 2002.

15 Rapport 2002 du Groupe intergouvernemental pour l'étude du climat (ONU), données établies pour 1995.

16 Étude réalisée par Christian Brossier, ingénieur général des Ponts et Chaussées, et confirmée par un rapport publié conjointement en juin 2000 par le Groupement des autorités responsables de transport (Gart) et le Centre d'études sur les réseaux, les transports et l'urbanisme (Certu).

17 Voir la documentation Eurydice, programme européen d'information sur l'éducation : www.eurydice.org. Données mises à jour en juin 2001.

18 L'enseignement des langues régionales ou non standard est notoirement sous-représenté en France : on peut imaginer de constituer une Maison locale des langues (selon les cas régionale, départementale, intercommunale...), rémunérant directement un panel d'enseignants offrant des services correspondant à la demande locale (breton, corse, alsacien, arabe, chinois, langues africaines...). Les collectivités assureraient également le transport soit des enseignants vers les établissements, soit des élèves vers les Maisons de langues.

19 Un résumé en est proposé dans un article du *Monde* daté du 26 octobre 2002.

20 Cette idée est exposée en détail et soutenue dans Charles Floquet (dir.), *Pour en finir avec la décentralisation*, Datar, l'Aube, 2002.

Table des matières

Extrait du catalogue
Collection *Monde en cours / Intervention*

Jean Viard, *Le sacre du temps libre*
Immanuel Wallerstein, *L'histoire continue*
Immanuel Wallerstein, *L'utopistique ou les choix politiques du XXIᵉ siècle*

Série *V.O./Voix originale*

Cornelius Castoriadis, *Dialogue*
Boris Cyrulnik, *L'homme, la science et la société*
Boris Cyrulnik, Edgar Morin, *Dialogue sur la nature humaine*
Jacques Derrida, *Sur parole*
Eric Hobsbawm, *L'historien engagé*
Julia Kristeva, *Au risque de la pensée*
Julia Kristeva, *Micropolitique* « *Première édition* » *Mercredi 8 h 25*
Edgar Morin, *Reliances*
Edgar Morin, *Dialogue sur la connaissance*
Serge Moscovici, *Réenchanter la nature*
François Roustang, *Le thérapeute et son patient*
George Steiner, Antoine Spire, *Barbarie de l'ignorance*
Jean-Pierre Vernant, *La volonté de comprendre*
Édouard Zarifian, *Une certaine idée de la folie*

Série *France Info +*

Pascal Delannoy, Jean Viard, *La République du 5 mai*
Pascal Delannoy, Jean Viard, *Contre la barbarie routière*
Pascal Delannoy, Bertrand Hervieu, *À table !*

Série *Le Monde*

11 septembre, un an après
La France est-elle un pays d'exception ?
L'Europe face au nouvel ordre américain

Achevé d'imprimer en décembre 2002
sur les presses de Groupe Horizon, 13420 Gémenos
pour le compte des éditions de l'Aube,
Le Moulin du Château, F-84240 La Tour d'Aigues

Mise en pages : Compor@pid – Andernos (33)

Numéro d'édition : 780
Dépôt légal : janvier 2003
Imprimeur n° 0212-166

Imprimé en France